BLED

Les 50 RÈGLES D'OR de l'orthographe

Édition assurée par

Daniel BERLION

Inspecteur d'académie

Crédits photographiques
Couverture : © BananaStock (Business People et Education).

Conception graphique : Laurent Carré

Réalisation : Médiamax

www.hachette-education.com
ISBN 2.01.16.9146.X
© HACHETTE LIVRE, 2005, 43 quai de Grenelle, 75905 Paris Cedex 15.
Tous droits de traduction, de reproduction et d'adaptation réservés pour tous pays.

Le Code de la propriété intellectuelle n'autorisant, aux termes des articles L.122-4 et L.122-5, d'une part, que les « copies ou reproductions strictement réservées à l'usage privé du copiste et non destinées à une utilisation collective » et, d'autre part, que « les analyses et les courtes citations » dans un but d'exemple et d'illustration, « toute représentation ou reproduction intégrale ou partielle, faite sans le consentement de l'auteur ou de ses ayants droit ou ayants cause, est illicite ».
Cette représentation ou reproduction, par quelque procédé que ce soit, sans autorisation de l'éditeur ou du Centre français de l'exploitation du droit de copie (20, rue des Grands-Augustins, 75006 Paris), constituerait donc une contrefaçon s anctionnée par les articles 425 et suivants du Code pénal.

Sommaire

Quelques conseils 4

1. Savoir isoler les mots 8
2. Reconnaître le nom 10
3. Les déterminants 12
4. Le pluriel des noms 14
5. Les adjectifs 16
6. L'écriture des nombres 18
7. Le groupe du nom 20
8. Reconnaître le verbe 22
9. Les groupes de verbes 24
10. Les pronoms personnels 26
11. Reconnaître le temps d'un verbe 28
12. Le présent de l'indicatif : verbes du 1er groupe 30
13. Le présent de l'indicatif : verbes des 2e et 3e groupes ... 32
14. L'accord du verbe et du sujet .. 34
15. Le passé composé 36
16. Le participe passé employé avec être 38
17. Ne pas confondre *a* et *à* 40
18. Ne pas confondre *est* et *et* ... 42
19. Ne pas confondre *ont* et *on* .. 44
20. Ne pas confondre *sont* et *son* .. 46
21. Les mots invariables 48
22. Les accents 50
23. Les consonnes doubles 52
24. Les noms féminins terminés par le son (é) 54
25. Le son (s) : *s, ss, c, ç* ou *t* 56
26. Le son (gue) : *g, gg* ou *gu* ... 58
27. Les lettres finales muettes 60
28. La lettre *m* devant *b, m* ou *p* .. 62
29. Le son (k) : *c, qu* ou *k* 64
30. Le son (f) : *f, ph* ou *ff* 66
31. Les homonymes 68
32. Ne pas confondre *ce* et *se* ; *c'* et *s'* 70
33. Ne pas confondre *ces* et *ses* ; *c'est* et *s'est* 72
34. Ne pas confondre *leur* et *leur(s)* 74
35. Ne pas confondre *ou* et *où* ... 76
36. Ne pas confondre *tout* et *tous*, *toute* et *toutes* 78
37. Le verbe se termine-t-il par -é ou par -*er* ? 80
38. Le participe passé employé avec *avoir* 82
39. Participe présent ou adjectif verbal ? 84
40. Ne pas confondre *quel, qu'elle* ; *quelque, quel que* 86
41. Ne pas confondre *sa* et *ça* 88
42. Ne pas confondre *peu* et *peut* .. 90
43. Ne pas confondre *n'y* et *ni* ... 92
44. Ne pas confondre *s'y* et *si* ... 94
45. Le futur simple 96
46. L'imparfait de l'indicatif 98
47. Le présent du conditionnel .. 100
48. Le présent du subjonctif 102
49. Le passé simple 104
50. À la fin d'un verbe : -*i* ou -*it* ; -*u* ou -*ut* ? 106

Réponses aux exercices 108

Tableaux de conjugaison 153

Quelques règles d'usage 169

Index 173

Quelques conseils

Ce livre a été conçu pour vous permettre d'acquérir les 50 règles fondamentales de l'orthographe qui, lorsqu'elles sont bien maîtrisées, évitent les fautes les plus courantes. Il vise ainsi **l'amélioration rapide et durable de votre niveau d'orthographe**. Par ailleurs, vous pourrez à tout moment consulter l'**index** situé en fin d'ouvrage pour retrouver la règle qui vous aidera à résoudre le problème d'orthographe particulier qui se présente à vous.

Les 50 règles d'or de l'orthographe vous proposent :

☞ **Une définition simple** des 50 règles incontournables de l'orthographe.

☞ **De nombreux exemples** d'application.

☞ **Un entraînement progressif.** Chapitre après chapitre, exercice après exercice, vous serez guidé(e) vers une amélioration méthodique de vos compétences orthographiques. Pour encore plus d'efficacité, nous vous conseillons de faire les exercices de cet ouvrage en **recopiant l'intégralité des phrases**, même si l'énoncé ne le demande pas. Cette manière de procéder permet de retenir des centaines de mots, de tournures, d'accords, qui peu à peu s'inscriront dans votre mémoire.

☞ **Tous les corrigés des exercices** (pp. 108 à 151), dans lesquels nous avons placé des conseils et des explications qui viennent compléter l'étude des différentes notions. N'hésitez pas à les consulter aussi souvent que nécessaire.

Quant à la lecture des quelques conseils suivants, elle vous permettra d'entreprendre votre apprentissage dans les meilleures conditions.

Le passage de l'oral à l'écrit

En français, lorsqu'on parle, on effectue des liaisons : *un (n)arbre* ; on rencontre des apostrophes : *l'arbre*. Mais, à l'écrit, il faut pouvoir isoler les mots et placer correctement les espaces qui les séparent. On n'écrit pas exactement ce qu'on entend. De plus, un même son peut s'écrire de plusieurs manières, il faut faire des choix. Enfin, certaines lettres ne se prononcent pas – on les appelle des **lettres muettes** – mais elles sont indispensables pour faciliter la tâche de celui qui lira l'écrit.
Pour transcrire les sons, nous avons pris le parti de ne pas utiliser l'Alphabet Phonétique Internationnal (API) que peu de personnes connaissent. **Nous avons simplement noté, entre parenthèses, les sons tels qu'ils se prononcent couramment.**

L'usage du dictionnaire

☞ Quand on hésite sur l'orthographe d'un mot (et non sur son accord), il est conseillé d'ouvrir un dictionnaire. Mais la recherche n'est pas toujours simple car il faut connaître parfaitement l'ordre alphabétique et être capable de situer les lettres les unes par rapport aux autres.
Ensuite, il faut reprendre, pour deux mots qui commencent par la même lettre, l'ordre alphabétique pour les lettres suivantes jusqu'à la rencontre de deux lettres différentes.
Il convient également d'émettre des hypothèses sur le début des mots. Pour l'orthographe du mot *cigale*, faut-il chercher à la lettre *c* (*cigale*), à la lettre *s* (*sigale*), à la lettre *s* suivie d'un *y* (*sygale*), à la lettre *c* suivie d'un *y* (*cygale*) ?

☞ Pour faciliter la recherche, on peut se repérer par rapport aux mots qui se trouvent en haut de chaque page des dictionnaires. Celui qui est placé en haut à gauche indique le premier mot de la page de gauche et celui placé en haut à droite le dernier mot de la page de droite. (Ces mots varient d'un dictionnaire à l'autre.)

☞ Il faut aussi savoir si le mot recherché se présente sous une forme accordée ou sous sa forme générale.
Par exemple, si l'on cherche à orthographier correctement *peint* dans la phrase : « Il *peint* la barrière métallique. », on doit savoir que ce mot n'est qu'une forme du verbe *peindre*.

☞ Enfin, pour trouver l'orthographe exacte, il est nécessaire de lire l'ensemble de la définition, car il existe des formes homophones. Il faut confronter le sens lu dans le dictionnaire avec celui de la phrase dans laquelle se trouve le mot.
vert → la couleur : *un drapeau vert*
ver → l'animal : *un ver de terre*
verre → le récipient : *boire un verre d'eau*
vers → la préposition : *se diriger vers la sortie*

☞ Un dernier conseil ! En cas d'hésitation, ne pas se précipiter sur le dictionnaire, réfléchir d'abord au type d'erreur que vous voulez corriger. Parfois, il est plus efficace de **remplacer un mot par un autre mot** plutôt que de se lancer dans de longues recherches qui n'aboutiront pas forcément.

Quelques conseils

La nature des mots

Les mots n'existent isolément que dans les dictionnaires. Dans un écrit, ils établissent entre eux des liens qu'on appelle **des accords**. Le problème est que ces accords se font différemment selon **la nature** des mots.

Il faut donc retrouver rapidement la nature des principaux mots pour appliquer correctement les accords.

☞ *Le verbe* est l'élément central de la phrase. Il peut se présenter sous deux aspects : l'infinitif ou une forme conjuguée. Dans ce dernier cas, il existe trois problèmes pour placer la terminaison correcte : identifier le groupe (1er, 2e ou 3e), trouver le temps et le sujet.

☞ *Le nom* est souvent accompagné d'un article qui en marque le genre et le nombre. Les accords du nom obéissent à des règles différentes de celles des verbes.

☞ *Les adjectifs* peuvent aussi accompagner le nom ; ils s'accordent généralement avec lui.

Enfin, dans une phrase, il y a d'autres mots ; certains sont invariables (les prépositions, les adverbes) et d'autres prennent des marques orthographiques (les pronoms).

Au fil des séquences, vous apprendrez à identifier les différents mots d'une phrase et à retenir les règles d'accord (ou de non-accord) applicables pour chacun d'eux.

L'utilisation des tableaux de conjugaison

La forme d'un verbe conjugué n'est pas toujours facile à trouver. Il faut d'abord reconnaître **la forme infinitive du verbe et en déterminer le groupe**. En effet, la plupart des verbes d'un même groupe ont des terminaisons identiques à un même temps et à une même personne. Il faut donc reconnaître le temps et rechercher le sujet qui indique la personne à laquelle le verbe est conjugué.

C'est une démarche souvent difficile, c'est pourquoi nous avons placé, en fin d'ouvrage, des tableaux de conjugaison pour les principales séries de verbes.

La relecture

Sachez que lorsqu'on écrit, on ne fait que des erreurs (et non des fautes) et que tout le monde en commet, y compris les écrivains ! L'essentiel est de savoir revenir sur son texte pour l'améliorer.

Pour s'économiser, il est bon de repérer d'abord les mots qu'on est pratiquement certain d'orthographier correctement. Leur nombre est variable d'une personne à l'autre. Ces mots ne feront pas l'objet d'une recherche.

Ensuite, il est conseillé de s'arrêter sur les mots pour lesquels un doute subsiste. Pour ceux-ci, vous utiliserez la méthode que vous pensez la mieux adaptée :

☞ **rechercher des accords, des règles**, si vous hésitez sur la terminaison d'un mot ;
*Comment marquer le pluriel des noms terminés par **-eau** au singulier ?*

☞ **rechercher dans un dictionnaire** en cas de doute sur l'orthographe d'un mot ;
*Faut-il deux « l » au mot **collection** ?*

☞ **utiliser des procédés de substitution** pour distinguer des mots qui ont la même prononciation ;
*Essayer de remplacer **est** par **était** ou bien **et** par **et puis**.*

☞ **rechercher** dans le livret placé en fin d'ouvrage (pp. 153 à 168) **les formes verbales correctes ;**
*Pour trouver la terminaison du verbe **parvenir** au futur simple, vous consulterez le tableau du verbe **venir**, p. 159.*

☞ **recourir à des analogies** en cherchant des mots de la même famille ;
*On sait que **la terre** s'écrit avec deux « r », donc on placera également deux « r » pour **la terrasse, le terrain, le territoire**...*

☞ **faire appel à sa mémoire** où se trouvent des règles... et leurs exceptions :
*Tous les mots qui commencent par **ab-** ne prennent qu'un seul « b », sauf **un abbé, une abbaye**.*

Nous espérons vivement que ces quelques conseils et la pratique **régulière** de cet ouvrage vous permettront de surmonter progressivement vos principales difficultés en orthographe. Bon courage !

1 Savoir isoler les mots

▶ À l'écrit, les mots sont séparés par des espaces. Entre les mots, il y a aussi des signes de ponctuation.

▶ À l'écrit, si on a du mal à séparer les mots, on peut essayer de remplacer un mot par un autre : on distingue alors mieux la prononciation de chaque mot.

 un écran → **votre** écran   s'il pleut → **Maintenant**, il pleut.

 J'arrive. → **Tu** arrives.   **On** a travaillé. → **Il** a travaillé.

 ▶ **Méfions-nous des liaisons**.
À l'oral, on prononce parfois la dernière consonne d'un mot avec la première voyelle du suivant.

un (n)écran
un petit (t)objet
les (z)arbres

 ▶ **Méfions-nous de l'apostrophe**.
L'apostrophe est le petit signe ' remplaçant la voyelle à la fin de certains mots qui se trouvent devant un autre mot commençant par une voyelle (ou parfois un h).

l'été – l'hiver – jusqu'à la sortie – J'arrive. – Elle s'éveille. – s'il pleut – Il m'a téléphoné.

Et pour en savoir plus...

 La **phrase** est un ensemble de mots qui forment un sens complet à propos de quelqu'un ou de quelque chose. Elle commence toujours par une majuscule et se termine par un point.

La **liaison** avec un mot terminé par *s* ou *x* se prononce (z).
un gros (z)animal – deux (z)ans

La liaison avec un mot terminé par *d* se prononce (t).
quand (t)il arriva – un grand (t)angle

Entraînement

1 ▶ **Copiez les phrases en séparant correctement les mots.**
Lesrafalesdeventontcouchéplusieursarbrescentenaires.
Denisseconsoledesonéchec,ilrecommenceraprochainement.
Lestransportsencommunpolluentmoinsquelesvéhiculesindividuels.
Les vendeurscherchentàattirerlesclientspartouslesmoyens.
MonsieurLardypossèdeunesuperbecollectiondejouetsanciens.
Nousretironsdelargentaudistributeurautomatique.
Leconcertderapadébutéàvingtheuresprécises.

2 ▶ **Complétez avec la, le ou l'.**

... hôpital	... univers	... vitesse	... tuyau
... échelle	... goutte	... imprudence	... occasion
... demande	... équilibre	... ferraille	... honte
... œil	... peur	... rang	... appel
... lampe	... aviateur	... ennui	... horloge

3 ▶ **Écrivez ces noms au singulier.**

les illusions	les hommes	des hôtels	des incendies
les obstacles	les haies	des héros	des housses
les histoires	les œuvres	des uniformes	des agents
les hanches	les artistes	des entrées	des essais

4 ▶ **Conjuguez ces verbes selon le modèle.**
s'arrêter → Je m'arrête. Il s'arrête. Nous nous arrêtons. Elles s'arrêtent.
s'abriter   s'occuper   s'incliner   s'approcher

5 ▶ **Copiez les phrases en remplaçant correctement certaines voyelles par des apostrophes.**
À le arrêt de le autobus, les portes se ouvrent automatiquement.
Valérie se est mariée à le âge de vingt ans.
Le anglais est une langue qui se apprend assez facilement.
Lorsque il se absente, M. Malet branche la alarme de le appartement.
Puisque il fait beau, je ne ai pas besoin de prendre un parapluie.
Hervé connaît quelque un qui travaille à la usine de ameublement.

2 Reconnaître le nom

▶ **Le nom** est un mot qui désigne une personne, un animal, une chose, un fait, un lieu, une action, une idée, une qualité, un sentiment…

▶ La connaissance du **genre** (*masculin* ou *féminin*) **et du nombre** (*singulier* ou *pluriel*) d'un nom est essentielle pour effectuer correctement les accords des mots qui sont grammaticalement liés à ce nom.

Quelques noms :

☞ fille ☞ table ☞ course

☞ garçon ☞ événement ☞ force

☞ chien ☞ pensée ☞ joie

▶ **C'est le plus souvent un article singulier**, placé devant le nom, **qui indique le genre**.

le poisson (masculin) – **la** victoire (féminin) – **la** liberté (féminin) – **le** pain (masculin) – **le** car (masculin) – **le** courage (masculin) – **la** peur (féminin)

▶ **Mais pour retrouver le genre**, il faut parfois essayer de placer le bon article devant le nom.

en retard → le retard
en fuite → la fuite
en colonne → la colonne
hors de prix → le prix
hors de portée → la portée

Et pour en savoir plus…

❀ Le **nom commun** désigne des êtres, des lieux, des objets qui appartiennent à une même catégorie. Il commence par une minuscule. On peut toujours le faire précéder d'un article.

un garçon – une ville – un pays – une montagne – une voiture

Le **nom propre** désigne un être, un lieu, un objet en particulier. Il commence toujours par une majuscule. Il est parfois précédé d'un article.

Sylvain – les Français – Paris – l'Italie – les Alpes – une Renault

Entraînement

1 ▸ **Dans ces phrases, retrouvez les noms et entourez-les.**
C'est avec plaisir que je te rendrai un service.
Les voiles blanches des dériveurs se détachent sur le ciel clair.
L'ouverture des magasins est prévue en fin de journée seulement.
Les randonneurs ont marché très longtemps avant d'apercevoir le refuge.
De nombreuses caravanes stationnent sur le parking de l'autoroute.
La moquette de la chambre doit être remplacée parce qu'elle est usée.

2 ▸ **Entourez les noms et classez-les selon leur genre.**
Le présentateur trouve le mot de la fin pour remercier le public.
Pourquoi n'avez-vous pas choisi une tranche de pain de campagne ?
Les contrôleurs au sol sont en contact permanent avec la capsule spatiale.
Il est dangereux de se placer trop près de l'écran d'un téléviseur.
Le joueur blessé regarde la partie, assis sur le banc de touche.
La pommade que tu m'as prêtée me protégera du soleil.
Ce magazine publie un article sur le problème du racisme.

noms masculins	noms féminins
...	...

3 ▸ **Mettez l'article qui convient (un ou une) devant chaque nom.**

... bouteille	... explosion	... guitare	... lycée
... programme	... malaise	... légende	... émission
... acteur	... blouson	... collier	... disque
... aiguille	... mouette	... navire	... incendie
... sommet	... piqûre	... médaille	... réchaud

4 ▸ **Classez les mots comme indiqué dans le tableau ci-dessous. (Pour vous aider, essayez de placer un article devant ces mots.)**
prairie – quoi – poids – plusieurs – sauce – lentement – texte – sable – sans – cruel – zèbre – bientôt – vapeur – longtemps – compliqué – cadeau – fêter – compter – docteur – pommier

noms	autres mots
...	...

RÉPONSES P. 108

Les déterminants

▶ Les **déterminants** sont des petits mots, placés devant les noms, qui nous renseignent généralement sur le genre (*masculin* ou *féminin*) et le nombre (*singulier* ou *pluriel*) des noms.

▶ Les déterminants les plus fréquents sont **les articles** :
le – la – les – l' – un – une – des – du – au

▶ Les déterminants terminés par **s** ou **x** indiquent toujours que le nom qui les suit est **au pluriel**.

☞ **Les déterminants** qui sont **des articles** :

le drapeau – **la** séance – **l'**arrivée – **les** films – **un** animal – **une** voiture – **des** exploits – **du** lait – **au** cinéma – **aux** alentours

☞ **D'autres déterminants** :

ce matin – **cet** été – **cette** cage – **ces** voies – **mon** œil – **ma** cuisse – **ton** coude – **ta** cheville – **son** genou – **sa** tête – **mes** cheveux – **tes** oreilles – **ses** mains – **notre** pied – **votre** jambe – **leur** cou – **nos** ongles – **vos** joues – **leurs** sourcils
deux heures – **trois** mois – **quatre** minutes – **cinq** secondes
chaque assiette – **plusieurs** verres – **aucun** plat – **aucune** fourchette – **quelques** couteaux – **différents** objets

Et pour en savoir plus...

Attention, les déterminants possessifs **mon**, **ton**, **son** se placent :
– devant les noms masculins,
– mais aussi devant **les noms féminins qui commencent par une voyelle ou un *h* muet**.

mon armoire – **ton** enfance – **son** écriture
mon histoire – **ton** honnêteté – **son** habileté

Entraînement

1 ▶ **Entourez les articles de ces phrases.**

La cartomancienne lit-elle vraiment l'avenir dans les cartes ?
Céline passe devant la vitrine du pâtissier sans céder à la gourmandise.
Pour s'échauffer, les athlètes se rendent au stade en courant.
Vous suivez les conseils du médecin et vous vous arrêtez de fumer.
Le commissaire recueille le témoignage des victimes et entreprend une recherche pour retrouver le coupable.

2 ▶ **Entourez les déterminants de ces phrases.**

Avant de tourner une scène délicate, cet acteur soigne son maquillage.
Plusieurs journaux ont annoncé la fin des combats entre ces deux pays.
Marion ne retient jamais les numéros de téléphone de ses amies.
Cette année, les pantalons larges sont à la mode ; les couturiers changent souvent nos habitudes vestimentaires.

3 ▶ **Copiez en complétant avec le déterminant qui convient.**

ce – cet – cette – ces

... fable	... gare	... endroits	... litre
... moteurs	... horloge	... poissons	... personne
... accident	... éléphant	... orange	... trottoir
... voitures	... inconnu	... limite	... manières

4 ▶ **Copiez en complétant avec le déterminant qui convient.**

mon – ma – ton – ta – son – sa – notre – votre – leur

Les bons ouvriers prennent le plus grand soin de ... matériel.
Il y a du vent ce matin, tu devrais prendre ... veste et ... foulard.
Je ne peux pas me baigner, j'ai oublié ... maillot de bain.
Didier est heureux, il assiste au mariage de ... sœur.
Nous faisons de rapides progrès grâce aux conseils de ... moniteur.
Ce problème est difficile, mais ... méthode est la bonne ! Continuez.
Elle sent bon, j'adore ... parfum ; je vais offrir le même à ... mère.

5 ▶ **Copiez en complétant avec le déterminant qui convient.**

chaque – aucun – quelques

Dans un orchestre, ... musicien participe à la réussite de tous.
... journaliste n'a pu pénétrer au Soudan occidental.
Au mois d'août, seules ... boulangeries demeurent ouvertes.

RÉPONSES P. 109

4 Le pluriel des noms

▶ Pour former le **pluriel des noms**, on ajoute généralement un **s** au singulier, et un **x** pour les noms terminés par -*au*, -*eau*, -*eu* (sauf *les landaus, les sarraus, les pneus, les bleus*).

▶ **Les noms terminés par ou** au singulier prennent un **s** au pluriel, sauf :

les bijoux – les cailloux – les choux – les genoux – les hiboux – les joujoux – les poux

Exemples

- une rose → **des** roses
- un couloir → **des** couloirs
- un visiteur → **des** visiteurs
- un clou → **des** clous
- un tuyau → **des** tuyaux
- un cadeau → **des** cadeaux
- un cheveu → **des** cheveux
- un bijou → **des** bijoux

▶ **Les noms terminés par al** au singulier font leur pluriel en **aux**.

le journal → les journaux
le signal → les signaux
le métal → les métaux

Exceptions : des bals – des chacals – des festivals – des carnavals – des récitals – des régals

▶ **Quelques noms terminés par ail** au singulier font leur pluriel en **aux**.

le corail → les coraux
le travail → les travaux
le vitrail → les vitraux
un émail → des émaux

Et pour en savoir plus...

 L'écriture des noms terminés par **s** ou **x** au singulier ne change pas au pluriel.

le corps → les corps – le dos → les dos – le prix → les prix

Il en est de même pour les noms terminés par **z** au singulier.
le gaz → les gaz – le nez → les nez – du quartz → des quartz

 Attention à la forme de certains noms au pluriel.
un œil → des yeux – un monsieur → des messieurs

Entraînement

1 ▸ Écrivez ces noms au pluriel.

une allumette	la bouche	une vérité	la route
une odeur	la pêche	une oreille	la poule
une opération	la poignée	une idée	la part
une naissance	la pièce	une trace	la cabine

2 ▸ Écrivez ces noms au pluriel.

un siège	le reste	un masque	le mouton
un homme	le salaire	un souvenir	le flacon
un rocher	le rêve	un coq	le décor
un savant	le saut	un réservoir	le stylo

3 ▸ Écrivez ces noms au pluriel.

un chameau	le local	une paroi	l'emploi
un pruneau	le tribunal	un bijou	le kangourou
un journal	le jeu	un voyou	un rail
un troupeau	le cou	un adieu	le portail
un cheveu	le plateau	un général	le cristal

4 ▸ Copiez les phrases en écrivant au pluriel les noms et les déterminants entre parenthèses.

(La rivière) débordent ; (le champ) seront bientôt inondés.
Dans (l'aéroport), (le tableau) indiquent (l'horaire) (de l'avion).
(Le bureau) de (cette usine) sont équipés (d'un ordinateur) très performants.
(Le veau) élevés dans (la prairie) donnent (une viande) d'excellente qualité.
Pour vérifier (le total) (de la facture), il vaut mieux utiliser une calculatrice.

5 ▸ Copiez les phrases en écrivant au pluriel les noms et les déterminants entre parenthèses.

Comme (la réparation) sont terminées, le (mécanicien) rangent (leur outil).
(Le tombeau) (de l'empereur) de Chine sont interdits (au visiteur) étrangers.
(La voiture) attendent que (le camion) dégagent (le lieu).
Autrefois, (la corde) (d'une raquette) étaient fabriquées avec (un boyau).
(L'autorail) qui relient Nancy à Strasbourg ne circulent pas aujourd'hui.
(L'archéologue) ont découvert (une statue) (d'un dieu) grecs.

RÉPONSES P. 110

5 Les adjectifs

Les adjectifs sont des mots qui apportent des précisions sur les noms (taille, aspect, couleur...). Placés avant ou après les noms, ils s'accordent toujours en genre (masculin ou féminin) et en nombre (singulier ou pluriel) avec ces derniers.

▶ Le **féminin** de l'adjectif se forme en ajoutant un **e** à l'adjectif masculin.

▶ Le **pluriel** de l'adjectif se forme :
– généralement en ajoutant un **s** à l'adjectif singulier ;
– parfois en ajoutant un **x** à l'adjectif singulier.

Les participes passés des verbes sont souvent employés comme des adjectifs ; ils s'accordent donc avec les noms.

☞ Accorder un adjectif **au féminin**
un meuble commun → **une** salle commun**e**

☞ Accorder un adjectif **au pluriel**
un cheveu court → **des** cheveu**x** court**s** – un beau tableau → **de** beau**x** tableau**x**

☞ Accorder **un participe passé**
un appartement **loué** → **des** appartements **loués**

Et pour en savoir plus...

⚠ **Au féminin**, la terminaison de l'adjectif masculin est parfois modifiée.
un geste vif → une course **vive** – un curieux pays → une **curieuse** région
un jour entier → une journée **entière** – un stylo violet → une encre **violette**

⚠ **Au pluriel :**
– les adjectifs masculins terminés par **-al** s'écrivent **-aux** ;
un sol inégal → des sols inég**aux** – un centre social → des centres soci**aux**
– mais il y a quelques exceptions.
des chantiers **navals** – des pays **natals** – des points **finals**

Entraînement

1 ▶ Copiez ces groupes de mots et entourez les adjectifs.

des sons graves et lancinants
un ciel sombre et nuageux
des petits pois frais
une belle terrasse fleurie
un violent orage passager
un fruit juteux et sucré

un printemps doux et humide
une véritable perle noire
une large avenue ombragée
une brillante réussite inattendue
des crayons fins et pointus
des résultats nets et précis

2 ▶ Copiez en accordant les adjectifs au féminin.

emprunter un passage étroit → emprunter une rue …
manger du poisson froid → manger une viande …
aller à un bal costumé → aller à une soirée …
traverser un village désert → traverser une ville …
entrer dans un local aéré → entrer dans une pièce …
boire un bouillon brûlant → boire une tisane …

3 ▶ Copiez en accordant les adjectifs au pluriel.

utiliser un appareil ménager → utiliser des appareils …
apporter un plat appétissant → apporter des plats …
retenir une formule magique → retenir des formules …
soigner un animal blessé → soigner des animaux …
jeter un regard inquiet → jeter des regards …
tracer un trait droit → tracer des traits …

4 ▶ Complétez les phrases avec les adjectifs entre parenthèses, et accordez. (Vous pouvez consulter un dictionnaire.)

(gratuit) Thierry a obtenu une place … pour le concert de samedi.
(beau) Nous profitons des … jours pour nous promener.
(général) La direction … de cette société s'installe à Orléans.
(élégant) La skieuse enfile une … combinaison.
(assidu) Des joueurs … à l'entraînement, c'est la clé du succès.
(franc) Cette entrevue a donné lieu à des explications … .
(mou) À l'annonce des résultats, Stéphanie a les jambes … .
(familial) Les repas … sont l'occasion de revoir nos cousins.

RÉPONSES P. 111

L'écriture des nombres

Les **adjectifs** qui indiquent **le nombre** s'écrivent toujours au singulier, sauf **vingt** et **cent** qui prennent un **-s** lorsqu'ils désignent plusieurs vingtaines ou centaines **entières**.

☞ **quatre** euros – **cinq** semaines – **sept** mois – **huit** minutes – **neuf** kilos – **onze** mètres – **douze** litres – **vingt** heures – **trente** jours – **quarante** kilomètres – **cinquante** secondes – **cent** ans – **mille** grammes

☞ Attention ! Lorsque **vingt** ou **cent** est suivi d'un autre nombre, il ne prend pas de **-s** au pluriel.
trois cent**s** points (mais : trois cent **un** points)
quatre-vingt**s** secondes (mais : quatre-vingt-**une** secondes)

▶ **Les adjectifs qui indiquent l'ordre sont variables.**
Ils s'accordent avec le nom comme les autres adjectifs.

les **premières** années
Les **deuxièmes** rangs
les **troisièmes** catégories
les **neuvièmes** rencontres
les **dernières** pluies

▶ **Les noms** tels que dizaine, douzaine, centaine, millier, million, milliard, moitié, quart, cinquième, dixième, centième, millième s'accordent.

trois **douzaines** d'œufs
plusieurs **centaines** de villes
soixante **millions** d'habitants
huit **dixièmes** de secondes
cinq **millièmes** de millimètres

Et pour en savoir plus...

 Lorsqu'on écrit un nombre, on place un trait d'union entre les dizaines et les unités, sauf si elles sont unies par **et**.
dix-sept – vingt-quatre – trente-sept – soixante-huit – vingt **et** un

Entraînement

1 ▸ **Écrivez ces nombres en lettres.**

5 → ...   7 → ...   9 → ...
14 → ...   38 → ...   24 → ...
36 → ...   49 → ...   51 → ...
63 → ...   76 → ...   98 → ...
120 → ...   312 → ...   627 → ...

2 ▸ **Copiez les phrases en complétant avec les nombres entre parenthèses écrits en lettres.**

(15)   Pour appeler le SAMU, il faut composer le ... .
(85)   Nous allons fêter les ... ans de notre grand-père.
(64)   Les biscuits sont empaquetés par lots de ... .
(21)   Avant 1974, la majorité était fixée à ... ans.
(1 852)   Le mille marin vaut ... mètres.
(75)   Cette terre produit ... quintaux de blé à l'hectare.
(130)   Sur autoroute, la vitesse est limitée à ... km/h.
(12 144) La région Nord-Pas-de-Calais a une superficie de ... km^2.

3 ▸ **Complétez les phrases avec les adjectifs numéraux entre parenthèses et accordez si nécessaire.**

(troisième)   Cette année, Mme Brun enseigne le français aux ... .
(sixième)   Ce doit être la ... fois que je relis le même article.
(premier)   Seules les cent ... personnes purent obtenir un billet.
(cinquième)   Les trois ... du stock de magnétoscopes ont été vendus.
(demi)   L'avion partira aux environs de huit heures et ... .
(centième)   Yvan n'a été battu que de deux ... de seconde.

4 ▸ **Complétez les phrases avec les mots entre parenthèses. Accordez.**

(dernier)   Les ... jours du mois de juillet furent torrides.
(second)   La qualité des ... rôles a fait le succès de ce film.
(douzaine)   Dans ce carton, on peut placer cinq ... de boîtes de petits pois.
(centaine)   Quelques ... d'admirateurs attendent l'artiste.
(millier)   Cette entreprise a embauché plusieurs ... de personnes.
(million)   L'agglomération de Mexico compte plus de trente ... d'habitants.

RÉPONSES P. 112

7 — Le groupe du nom

▶ Le **groupe du nom** est constitué du **nom principal** accompagné d'un **déterminant** et des **adjectifs** qui s'accordent avec lui.

▶ **Attention !**
Dans le groupe du nom, il peut y avoir d'**autres mots** qui ne s'accordent pas avec le nom principal.

Exemples

☞ Elle apporta une magnifique bûche glacée.

une	magnifique	bûche	glacée
déterminant	adjectif	nom principal	adjectif

☞ Groupes du nom dans lesquels **tous les mots s'accordent** :
une robe → une jolie robe → une jolie robe blanche
ces usines → ces usines géantes → ces nouvelles usines géantes
la maison → la maison hantée → l'inquiétante maison hantée
les chats → les chats noirs → les beaux chats noirs

☞ Groupes du nom où **des mots ne s'accordent pas avec le nom principal** :
une jolie robe de **soirée** → de jolies robes de **soirée**
un camion **bien** équipé → des camions **bien** équipés
une froide journée **d'hiver** → de froides journées **d'hiver**
une rue piétonne **fort** animée → des rues piétonnes **fort** animées

Et pour en savoir plus...

Dans un groupe du nom, le **nom principal** et **son déterminant** sont les seuls mots que l'on ne peut pas supprimer sans rendre la phrase incorrecte.

Il nous offre un odorant bouquet de roses.
→ Il nous offre un bouquet.

Tu recherches une vieille locomotive à vapeur.
→ Tu recherches une locomotive.

Entraînement

1 ▶ **Accordez les adjectifs entre parenthèses avec chaque nom.**

(loyal)	un ami ...	une amie ...	des amis ...	des amies ...
(peureux)	un chat ...	une chatte ...	des chats ...	des chattes ...
(rare)	un livre ...	une pièce ...	des livres ...	des pièces ...
(élevé)	un prix ...	une note ...	des prix ...	des notes ...
(gelé)	un doigt ...	une main ...	des doigts ...	des mains ...

2 ▶ **Copiez les phrases en écrivant les noms en gras au pluriel. Faites les accords nécessaires.**

En écoutant cette **histoire** drôle, vous avez ri aux éclats.
M. Adrien a rencontré un vieil **agriculteur** breton.
Dans cette vallée tranquille, il y a encore une petite **maison** grise.
On conduit le **chien** errant à la fourrière.
Florian dévale la **pente** en partie verglacée.
On ne domptera jamais cet **ours** trop sauvage.

3 ▶ **Remplacez le nom et le déterminant en gras par le nom et le déterminant entre parenthèses. Faites les accords nécessaires.**

(le vaisseau)   Les curieux assistent au départ de **la** dernière **navette** spatiale.
(la place)   Les pigeons envahissent **le jardin** public du quartier.
(sa présence)   L'infirmière entoure le malade de **ses soins** attentifs.
(les mains)   Après avoir nettoyé tous les pinceaux, tu as **les doigts** poisseux.
(un public)   Le prestidigitateur tient en haleine **une foule** bien curieuse.
(un dimanche)   Ce fut **une** rude **journée** consacrée au rangement du grenier.
(des feuilles) Éric prend des notes sur **un carnet** quadrillé.

4 ▶ **Écrivez ces expressions au féminin et accordez.**

un tableau très bien imité	→	une copie ...
un fruit bien sec	→	une figue ...
un travail tout juste achevé	→	une tâche ...
un appel à peine audible	→	une conversation ...
un sujet digne d'intérêt	→	une émission ...
un voyage vraiment mouvementé	→	une excursion ...
un trottoir entièrement goudronné	→	une avenue ...

RÉPONSES P. 113

8 Reconnaître le verbe

▶ Les mots qui indiquent ce que font, ce que sont ou ce que pensent les personnes, les animaux ou les choses sont des verbes.

▶ On dit qu'un verbe est conjugué lorsque sa forme varie selon la personne qui est le sujet du verbe et selon le temps de la phrase.

▶ Lorsqu'il n'est pas conjugué, on dit que le verbe est à l'infinitif. Il est alors invariable.

☞ **Verbes conjugués :**
En automne, les platanes **perdent** leurs feuilles.
Les mouettes **volaient** au ras des vagues.
Demain, nous **irons** tous nous promener autour du lac.

☞ **Verbes à l'infinitif :**
Il faut **fermer** la porte et **ouvrir** les fenêtres.
J'aimerais **pouvoir terminer** mon travail avant d'**aller** au cinéma.
Veux-tu **goûter** à ce délicieux gâteau ?

▶ Parfois le verbe est accompagné d'un auxiliaire (*avoir* ou *être*) ; il s'écrit alors en deux mots.

Je **suis allé** au cinéma.
J'**étais partie** quand vous **êtes arrivés**.
Les mouettes **ont volé** au ras des vagues.
Les gendarmes **ont recueilli** des indices.

Et pour en savoir plus...

 Dans une phrase, on peut trouver à la fois des verbes à l'infinitif et des verbes conjugués.
Avant de <u>démarrer</u>, M. Klein <u>boucle</u> sa ceinture de sécurité.
Tu <u>viens</u> de <u>terminer</u> ton travail ; tu <u>peux</u> te <u>reposer</u>.

 Dans un dictionnaire, les verbes sont écrits à l'infinitif.

Entraînement

1 ▶ **Copiez ces phrases et soulignez les verbes.**
Les clients poussent leur chariot entre les rayons du supermarché.
Malgré le brouillard, les avions décollent sans difficulté.
Pour votre anniversaire, vous réunissez tous vos amis.
Mme Angeli sollicite un rendez-vous auprès de son médecin.
Les services de la météo annoncent l'arrivée d'une vague de froid.
Les chiens flairent la piste du lièvre.
Je vérifie les prix inscrits sur ma note.

2 ▶ **Copiez ces phrases et soulignez seulement les verbes conjugués.**
Le candidat réfléchit avant de donner sa réponse.
Tu surestimes ta force et tu ne pourras pas soulever ce meuble.
Les hommes préhistoriques vivaient dans des cavernes qu'ils décoraient.
Rien se sert de courir, il faut partir à point.
À la vue de la vipère, Flavien pousse un cri et s'enfuit à toutes jambes.
Je fouille mes tiroirs à la recherche du carnet où je note les adresses.

3 ▶ **Copiez ces phrases, soulignez les verbes conjugués et entourez les verbes à l'infinitif.**
Pour ne pas éblouir les autres conducteurs, on doit rouler en code.
Le bébé sourit pour essayer d'attendrir ses parents.
L'entraîneur place un tapis pour amortir la chute des perchistes.
Ce magicien croit détenir le secret de la transformation du plomb en or.
Avant de les distribuer, César bat les cartes.
Jérémie prend un cachet pour calmer son mal de tête.

4 ▶ **Copiez ces phrases, soulignez tous les verbes conjugués avec un auxiliaire et écrivez leur infinitif.**
Vous <u>êtes partis</u> avant la fin du film. *partir*
Les mauvaises herbes ont envahi les pelouses du parc. …
Les douaniers ont vérifié le contenu du coffre de la voiture. …
J'ai juré de ne jamais toucher une cigarette. …
Picasso a peint un nombre impressionnant de tableaux. …
La chèvre de monsieur Seguin a lutté toute la nuit contre le loup. …
Des milliers de personnes ont manifesté dans les rues de Brest. …

9 Les groupes de verbes

▶ Pour bien **conjuguer** un **verbe**, il faut savoir à quel groupe il appartient, car les terminaisons des verbes d'un même groupe sont en général les mêmes. Il suffit de connaître la conjugaison du **verbe-type** de ce groupe (voir pp. 154 à 168).

▶ On distingue **trois groupes** de verbes selon la terminaison de leur infinitif.
- *1er groupe :* les verbes terminés par *-er*.
- *2e groupe :* les verbes terminés par *-ir* dont le participe présent est en *-issant*.
- *3e groupe :* tous les autres verbes.

1er groupe	2e groupe	3e groupe
sign**er**	bond**ir** (bond**issant**)	ven**ir** (ven**ant**)
respir**er**	obé**ir** (obé**issant**)	prend**re**
tomb**er**	gross**ir** (gross**issant**)	prév**oir**

▶ Certains verbes sont précédés d'un petit mot : *me, te, se, nous, vous* ou *se*. **Ce sont des verbes pronominaux.**

se coucher → Je **me** couche. – Tu **te** couches. – Elle **se** couche. – Nous **nous** couchons. – Vous **vous** couchez. – Ils **se** couchent.

▶ Les verbes *avoir* et *être* sont des **auxiliaires** qui servent à conjuguer les autres verbes aux temps composés.

J'**ai** attendu.
Nous **avons** dansé.
Il **est** arrivé.
Elles **sont** parties.

Et pour en savoir plus...

Le verbe **aller** se termine par *-er* à l'infinitif, mais il n'appartient pas au 1er groupe car sa conjugaison est irrégulière. Il fait partie du 3e groupe.

Je **vais** au marché. – Nous **allions** au marché. – Elle **ira** au marché. – Tu **es allé** au marché. – Il faut que j'**aille** au marché.

Entraînement

1 ▶ **Séparez le radical de la terminaison de ces verbes.**
rouler → roul-er

tondre	charmer	peindre	reculer	fleurir
servir	naître	éternuer	fondre	boire
vivre	recevoir	enfler	pivoter	ralentir
traduire	hésiter	éblouir	connaître	piloter
penser	maigrir	sonner	prévoir	asseoir

2 ▶ **N'écrivez que les verbes du 1er groupe de cette liste.**

se lasser	se plaindre	s'inspirer	se suspendre	se vêtir
s'aplatir	se coucher	se priver	se creuser	se perdre
s'animer	s'attendrir	se réjouir	se ruiner	s'inscrire
se loger	se jeter	se taire	s'isoler	se réunir

3 ▶ **N'écrivez que les verbes du 2e groupe de cette liste. Ajoutez une forme en -issant à côté de l'infinitif.**
agir → *agissant*

accomplir	contenir	vomir	venir	jaillir
élargir	vernir	intervenir	réfléchir	courir
noircir	souffrir	engloutir	mûrir	mourir
ressentir	ravir	prévenir	dormir	unir
frémir	aboutir	gémir	avertir	partir

4 ▶ **Soulignez les verbes de ces phrases, puis écrivez leur infinitif et donnez leur groupe.**
Les trottoirs <u>sont envahis</u> par la foule. → envahir → *2e groupe (envahissant)*

Stéphanie ne supporte vraiment pas l'odeur du cigare.
En Afrique, certains insectes ravagent des contrées entières.
Que la tour de Pise ne s'écroule pas, cela m'étonnera toujours.
Cette maison paraissait plus grande que les autres.
Le traîneau est tiré par six chiens esquimaux.
Le public applaudit le groupe de raï pendant cinq bonnes minutes.
M. Hugues a placé ses économies à la Caisse d'Épargne.
Les panneaux interdisent le stationnement dans cette rue.

RÉPONSES P. 114

10 Les pronoms personnels

Le **pronom personnel** qui accompagne le verbe varie selon la personne qui fait l'action :
- 1re personne du singulier → je
- 2e personne du singulier → tu
- 3e personne du singulier → il ou elle
- 1re personne du pluriel → nous
- 2e personne du pluriel → vous
- 3^e personne du pluriel → ils ou elles

Je passe l'aspirateur.

Tu tonds la pelouse.

Elle lit le journal.

Nous chantons en chœur.

Vous visitez Londres.

Ils regardent la télévision.

▶ **À la 3e personne du singulier**, le nom singulier peut toujours être remplacé par un pronom personnel : *il* ou *elle*, selon le genre.

Le moniteur encourage ses élèves. → **Il** encourage ses élèves.
La montgolfière s'envole lentement. → **Elle** s'envole lentement.

▶ **À la 3e personne du pluriel**, le nom pluriel peut toujours être remplacé par un pronom personnel : *ils* ou *elles*, selon le genre.

Les moniteurs encouragent leurs élèves. → **Ils** encouragent leurs élèves.
Les montgolfières s'envolent lentement. → **Elles** s'envolent lentement.

Et pour en savoir plus...

On est un pronom personnel de la 3e personne du singulier. Pourtant, il est souvent employé pour remplacer *nous*.
Nous écoutons de la musique. → **On** écoute de la musique.
Si **nous** prenons l'ascenseur, **nous** irons plus vite. → Si **on** prend l'ascenseur, **on** ira plus vite.
C'est une singularité de la langue française. (Voir *séquence* 19, p. 44.)

Entraînement

1 ▸ **Complétez les phrases avec le pronom personnel qui convient.**
... habitons au fond de l'impasse des Capucins.
... choisissent avec beaucoup de soin les robes qu'... vont porter ce soir.
... est entrée à la maternité pour mettre au monde son troisième enfant.
... gardez votre sang-froid en toutes occasions ; c'est bien.
... portent une belle moustache noire ; on dirait les Dupont-Dupond.
... te réjouis à l'idée de rencontrer tes amis.
... se rase tous les matins avec beaucoup de soin.

2 ▸ **Copiez les phrases en remplaçant chaque groupe de mots en gras par un pronom personnel.**
Si on ne les arrose pas, **ces graines de haricot** ne germeront jamais.
La reine des abeilles ne sort de la ruche que pour son vol nuptial.
Avec une calculatrice, **le résultat de cette opération** est facile à trouver.
Cette émission plaît à toute la famille qui la regarde chaque mercredi.
Les déchets doivent être triés pour éviter que **les déchets** polluent.

3 ▸ **Copiez les phrases et entourez le(s) prénom(s) qui correspond(ent) au pronom personnel souligné.**
<u>Je</u> viendrai te voir demain déclare (Claudia) à Émilie.
Qu'<u>il</u> est timide, dit Samantha en parlant de Jimmy.
<u>Nous</u> acceptons, répondent en chœur Teddy et Juan à Xavier.
Aimez-<u>vous</u> la musique ? demande Solène à Farida.
Qu'<u>elles</u> sont drôles, Leslie et Frida ! pense Clémence.
Sais-<u>tu</u> jouer de la guitare ? demande Térence à Kelly.

4 ▸ **Complétez les phrases avec des pronoms personnels (il ou elle) ou des articles (la ou le), selon le sens.**
... visite de l'exposition dure au moins deux heures.
... visite l'Espagne et le Portugal pendant le mois de juin.
... voyage débute par une randonnée dans la forêt vosgienne.
... voyage avec toute sa famille, comme d'habitude.
... murmure est léger ; on ne l'entend qu'à peine.
... murmure trois mots entre ses dents et ... baisse les yeux.

RÉPONSES P. 115

11) Reconnaître le temps d'un verbe

La terminaison d'un verbe varie selon le moment (passé, présent ou futur) où se fait l'action.
- ▶ **Hier, autrefois.** → L'action est au **passé**.
- ▶ **Aujourd'hui, maintenant.** → L'action est au **présent**.
- ▶ **Demain, plus tard.** → L'action est au **futur**.

 Quentin **refusait** de nous écouter. (verbe au **passé**)

 Quentin **refuse** de nous écouter. (verbe au **présent**)

 Quentin **refusera** de nous écouter. (verbe au **futur**)

▶ Pour certains temps, le verbe est conjugué avec un **auxiliaire**.

Quentin **a refusé** de nous écouter. (auxiliaire *avoir*)

Quentin **est arrivé**. (auxiliaire *être*)

▶ Pour exprimer le passé, on peut utiliser plusieurs temps :
- l'imparfait → Quentin **chantait**.
- le passé composé → Quentin **a chanté**.
- le passé simple → Quentin **chanta**.

Et pour en savoir plus...

La terminaison d'un verbe peut aussi varier selon son **mode** : **indicatif** (pour une action certaine), **subjonctif** et **conditionnel** (pour une action incertaine), **impératif** (pour exprimer un ordre).

indicatif	→	Il **va** au marché. – Elle **prend** des vacances.
subjonctif	→	Il faut qu'il **aille** au marché.
	→	Il faut qu'elle **prenne** des vacances.
conditionnel	→	Si le temps le permettait, il **irait** au marché.
	→	Si c'était possible, elle **prendrait** des vacances.
impératif	→	**Allez** au marché. – **Prenez** des vacances.

Entraînement

1 ▶ Complétez les phrases avec hier, aujourd'hui ou demain.

..., monsieur Dumas a déménagé avec l'aide de ses cousins.
..., les prix des légumes frais diminueront peut-être.
..., nous passons à l'heure d'hiver.
..., les enfants mangent plus volontiers des fruits que leurs parents.
..., il pleuvait trop, alors les randonneurs sont restés au refuge.
..., en France, on peut voter dès l'âge de dix-huit ans.

2 ▶ Complétez les phrases avec les expressions qui conviennent.
au plus tard – il y a un an – dans cent ans – maintenant – dans une minute – l'été dernier – autrefois

..., les robots travailleront peut-être à la place des hommes.
Ce chantier sera achevé dans un mois, ...
..., Carlos est allé en vacances au Portugal, chez ses grands-parents.
La tempête fut violente ; ... de nombreux débris flottent sur la mer.
..., les paysans qui appartenaient au seigneur ne quittaient pas leur village.
Le départ du Grand prix sera donné ... .
..., ces tours n'étaient pas construites ; à leur place il y avait un terrain vague.

3 ▶ Entourez les verbes au présent et soulignez les verbes au passé.
On n'(imagine) pas que nos parents n'<u>avaient</u> pas le téléphone.

Marius a quitté Fanny et il est parti à l'aventure sur les mers du globe.
Les chevaux sauvages galopaient dans les prairies de l'Ouest américain.
La sentinelle ne relâche pas sa vigilance ; elle sursaute au moindre bruit.
L'alpiniste a présumé de ses forces, il rebrousse chemin à mi-course.
Savez-vous comment se nomment les collectionneurs de pièces de monnaie ?

4 ▶ Entourez les verbes au présent et soulignez les verbes au futur.
L'infirmière (fait) une piqûre à M. Pauly ; demain, il <u>se sentira</u> mieux.

Les jurés écouteront attentivement la plaidoirie de l'avocat de l'accusé.
Au contact de l'air, ce métal s'oxyde très rapidement.
Dans cinquante ans, il ne restera plus d'agriculteurs en zone de montagne.
Comme le soleil brille, nous prendrons notre petit-déjeuner sur le balcon.
Ces garnements trépignent, car leurs parents ne cèdent pas à leurs caprices.

12. Le présent de l'indicatif : verbes du 1ᵉʳ groupe

Le présent de l'indicatif des verbes du **1ᵉʳ groupe** se forme en ajoutant au radical les **terminaisons** suivantes :

parl **er**	je parl **e**	nous parl **ons**
↑	tu parl **es**	vous parl **ez**
radical	elle parl **e**	ils parl **ent**

▶ **Le radical** de quelques verbes est légèrement modifié pour certaines personnes.

appel er → j' appell e   **lanc** er → nous lanç ons
jet er → tu jett es   **nag** er → nous nage ons
achet er → il achèt e   **nettoy** er → ils nettoi ent

Exemples

☞ Je m'appel**le** Claire.
☞ Tu t'appel**les** Audrey.
☞ Il s'appel**le** Didier.
☞ Nous nous appel**ons** Anne et Sophie.
☞ Vous vous appel**ez** Daniel et Isabelle.
☞ Elles s'appel**lent** Théa et Julie.

Et pour en savoir plus...

💡 Il faut connaître parfaitement les formes des deux verbes **avoir** et **être** au présent de l'indicatif, car ils s'utilisent également comme auxiliaires dans les temps composés.

avoir		être	
J' **ai** froid.	Nous **avons** froid.	Je **suis** à l'abri.	Nous **sommes** à l'abri.
Tu **as** froid.	Vous **avez** froid.	Tu **es** à l'abri.	Vous **êtes** à l'abri.
Il **a** froid.	Elles **ont** froid.	On **est** à l'abri.	Ils **sont** à l'abri.

Entraînement

1 ▶ **Conjuguez les verbes suivants au présent de l'indicatif. Entourez les terminaisons.**

profiter des soldes d'hiver
Je ...
Tu ...
Louisa ...
Nous ...
Vous ...
Les clients ...

camper au bord de l'eau
Je ...
Tu ...
Marco ...
Nous ...
Vous ...
Mes amis ...

2 ▶ **Complétez chaque groupe de phrases avec le verbe entre parenthèses conjugué au présent de l'indicatif.**

(souffler)   Je lui ... la bonne réponse.
             Mon adversaire me ... un pion.
             Tu ... comme un buffle !

(crier)   Vous ... votre indignation.
             Les supporters ... pour encourager leur équipe.
             Nous ... à tue-tête.

(traverser) Je ... un moment difficile.
             Les piétons ... sur le passage protégé.
             Nous ... la Manche à bord d'un ferry.

3 ▶ **Complétez les phrases avec les verbes entre parenthèses conjugués au présent de l'indicatif.**

(gratter)   Vous ... les tickets à la recherche du numéro gagnant.
(s'ébrouer)   Les chiens ... en sortant de l'eau.
(contrôler)   En toutes circonstances, tu ... tes réactions.
(décerner)   Le jury du festival ... les prix aux meilleurs films.
(supporter)   Vous ne ... pas la canicule.
(réchauffer) Je ... mes doigts engourdis près du radiateur.
(rencontrer) Nous ... des difficultés pour installer le répondeur.
(geler)   Ce matin, il ... à pierre fendre.
(appeler)   Tu ... ta meilleure amie plusieurs fois par jour.

RÉPONSES P. 117

13) Le présent de l'indicatif : verbes des 2ᵉ et 3ᵉ groupes

▶ **Au présent de l'indicatif, les verbes des 2ᵉ et 3ᵉ groupes** prennent presque toujours les mêmes terminaisons.

2ᵉ groupe		3ᵉ groupe	
Je réussi**s**	Nous réussi **ssons**	Je cour**s**	Nous cour**ons**
Tu réussi**s**	Vous réussi **ssez**	tu cour**s**	Vous cour**ez**
Elle réussi**t**	Ils réussi **ssent**	Il cour**t**	Elles cour**ent**

▶ **Pour les verbes du 2ᵉ groupe**, l'élément **-ss-** est intercalé entre le radical et la terminaison aux personnes du pluriel.

▶ Avant de placer la terminaison d'un verbe, il est très important de chercher à quel **groupe** il appartient.
(Voir *séquence 9, p. 24.*)

▶ Certains verbes du 3ᵉ groupe modifient leur **radical**. Il faut donc connaître par cœur (voir pp. 159 à 168) les formes des verbes qui s'emploient le plus souvent :

aller – s'asseoir – connaître – croire – dire – faire – écrire – partir – pouvoir – savoir – venir – voir – conduire

E*t pour en savoir plus...*

   Les verbes du 3ᵉ groupe terminés par **-dre** à l'infinitif (sauf ceux terminés par *-indre* et *-soudre*) ne prennent pas de **t** à la 3ᵉ personne du singulier ; ils se terminent donc par **-d**.

il descen**d**   elle ven**d**   on atten**d**   il se défen**d**

   Les verbes terminés par **-indre** et **-soudre** perdent le **d** pour toutes les personnes du singulier.

je peins   tu atteins   on craint   il résout
je rejoins   tu éteins   elle se plaint il se dissout

Entraînement

1 ▸ **Conjuguez ce verbe du 2ᵉ groupe au présent de l'indicatif.**
se nourrir **de fruits et de légumes**

Je ...   Manda ...   Vous ...
Tu ...   Nous ...   Les végétariens ...

2 ▸ **Écrivez les verbes entre parenthèses au présent de l'indicatif.**

(atterrir)   Aujourd'hui, les avions ... grâce à un guidage électronique.
(durcir)   Cette colle ... rapidement en séchant.
(engloutir) La lave en fusion ... les maisons bâties sur les flancs du volcan.
(agrandir)   Pour entrer plus facilement dans le garage, nous ... la porte.
(affranchir) Vous ... votre courrier au tarif rapide.

3 ▸ **Écrivez les verbes entre parenthèses au présent de l'indicatif.**

(apparaître) À l'approche du printemps, les premiers bourgeons ... .
(vouloir)   La famille Vernay ... déménager, car sa maison est trop petite.
(plaire)   La mode des tatouages ... aux jeunes.
(détruire)   Nous ... chaque jour des milliers d'hectares de forêts.
(fondre)   Les icebergs ... à l'approche des courants chauds.
(élire)   Les habitants de Moirans ... leurs conseillers municipaux.
(abattre)   Les conducteurs d'engins ... un travail colossal.
(mourir)   Des millions d'habitants ... de faim au Soudan.

4 ▸ **Copiez les phrases en les transformant selon le modèle.**
Certains enfants *sont déçus* par la fête. → La fête *déçoit* certains enfants.

Les flots tumultueux **sont contenus** par de solides digues.
Des tonnes d'engrais **sont répandues** par les agriculteurs bretons.
Les vergers de la vallée **sont recouverts** par de légères toiles en plastique.
Les problèmes les plus ardus **sont résolus** par cet ordinateur surpuissant.
Ce lourd secret **est détenu** par quelques personnes.

5 ▸ **Écrivez les verbes au présent de l'indicatif en changeant les sujets.**
Nous *servons* les invités et nous *nous assoyons* à notre tour.

Je ...   Tu ...   Patrick ...   Vous ...   Les employés ...

RÉPONSES P. 117

14) L'accord du verbe et du sujet

▶ Le verbe s'accorde en **personne** et en **nombre** avec le nom principal du groupe sujet.

▶ Pour trouver le **nom principal** du groupe sujet, on doit poser la question *Qui est-ce qui ?* ou *Qu'est-ce qui ?*

☞ Les acteurs **écoutent** les conseils du metteur en scène.
→ Qui est-ce qui écoute ? → <u>les acteurs</u>
Le verbe s'écrit donc bien à la troisième personne du pluriel.

☞ La forêt de pins **brûle** depuis deux jours.
→ Qu'est-ce qui brûle ? → <u>la forêt</u>
Le verbe s'écrit donc bien à la troisième personne du singulier.

▶ **Quelle que soit sa place dans la phrase,** le verbe s'accorde toujours avec le **nom principal** du groupe sujet, même si celui-ci est séparé du verbe par des groupes de mots.

<u>Vanessa</u> **sait** où **se trouvent** les meilleures <u>places</u>.
Cette <u>rue</u>, désormais à sens unique, **permet** d'éviter la plupart des encombrements.
Les <u>panneaux</u> **sont** bien **éclairés** ; l'<u>automobiliste</u> les **distingue** parfaitement.
<u>Ils</u> **paient** par carte bancaire, la <u>caissière</u> leur **demande** de taper leur code confidentiel.

Et pour en savoir plus...

 Le sujet du verbe peut être un **pronom personnel** ou un mot qui remplace un nom (un **pronom**).

<u>Je</u> **cours** lentement et <u>je</u> **ménage** mes forces.
<u>Nous</u> **courons** lentement et <u>nous</u> **ménageons** nos forces.
L'<u>homme</u> <u>qui</u> **court** lentement **ménage** ses forces.
<u>Celui</u> <u>qui</u> **court** lentement **ménage** ses forces.
<u>Ceux</u> <u>qui</u> **courent** lentement **ménagent** leurs forces.

Entraînement

1 ▶ **Entourez le nom principal de chaque groupe sujet et écrivez les verbes entre parenthèses au présent de l'indicatif.**

(se préparer)   Les pêcheurs, attentifs à leur bouchon, ... à ferrer les poissons.
(embellir)   Souvent, l'imagination de certains journalistes ... la réalité.
(préparer)   L'équipe des moniteurs ... l'installation des jeunes arrivants.
(fonctionner)   Les feux tricolores du carrefour Parmentier ne ... pas.
(s'étendre)   Les plages de la côte vendéenne ... à perte de vue.
(décorer)   Pour Noël, les commerçants de la rue ... leurs vitrines.

2 ▶ **Écrivez les noms en gras au pluriel et accordez.**

Ce jeune **chiot** s'habitue à ses nouveaux maîtres.
La **note** du bas de la page précise le sens de la dernière phrase du texte.
Cette **compresse** apaise l'irritation provoquée par les piqûres de moustiques.
Le **radar** automatique contrôle la vitesse de tous les véhicules.
Ce **magazine** de grande diffusion se spécialise dans les reportages populaires.
L'**accident** de la circulation provoque des encombrements importants.

3 ▶ **Transformez selon le modèle.**

le chant des oiseaux → **Les oiseaux chantent.**

le début de l'émission   l'attaque des sauterelles
la sortie des clients   l'attente des admirateurs
la souffrance des malades   le craquement du plancher
la naissance d'une vocation   l'apparition d'un fantôme
la cuisson des carottes   la course des participants

4 ▶ **Écrivez les verbes entre parenthèses au présent de l'indicatif.**

(captiver)   Les aventures de Tarzan ... les jeunes lecteurs.
(compliquer)   Les derniers événements ... singulièrement la situation.
(occuper)   Les places qu'... ces véhicules leur sont réservées.
(s'allumer)   Au crépuscule, ... les lampadaires de la vieille ville.
(accentuer)   La deuxième couche de peinture ... la couleur.
(bénéficier)   Joyce et son amie ... d'un billet à tarif réduit.
(disputer / donner)   La partie que ... les Niçois ... lieu à un beau spectacle.
(commencer)   Cette chaussée, sous l'effet du gel, ... à se dégrader.

RÉPONSES P. 118

15 Le passé composé

Le passé composé est formé d'un auxiliaire (**avoir** ou **être**), conjugué au présent de l'indicatif, et du participe passé du verbe à conjuguer.

chanter : J'   ai   chanté.   *partir :* Je   suis   parti(e).
         Tu   as   chanté.   Tu   es   parti(e).
         Il   a   chanté.   Il   est   parti.
         Nous avons   chanté.   Nous sommes parti(e)s.
         Vous avez   chanté.   Vous êtes   parti(e)s.
         Elles ont   chanté.   Elles sont   parties.

▶ L'auxiliaire **avoir** s'emploie avec de nombreux verbes.

chercher – trouver – réagir – prendre

▶ Les verbes suivants se conjuguent avec l'auxiliaire **être** :

• aller – arriver – devenir – entrer – mourir – naître – partir – rester – sortir – tomber – retourner – venir

• tous les verbes pronominaux.

se laver – s'appuyer – se réunir – se perdre

▶ Retenons la conjugaison des verbes **avoir** et **être** au passé composé.

avoir :

J'   ai   eu   peur.
Tu   as   eu   peur.
Il   a   eu   peur.
Nous avons   eu   peur.
Vous avez   eu   peur.
Elles ont   eu   peur.

être :
J'   ai   été   en danger.
Tu   as   été   en danger.
Elle a   été   en danger.
Nous avons   été   en danger.
Vous avez   été   en danger.
Ils   ont   été   en danger.

Et pour en savoir plus...

 Retenez la forme des **participes passés** de certains verbes.

faire	→ **fait**	savoir	→ **su**	mourir	→ **mort**	voir	→ **vu**
offrir	→ **offert**	devoir	→ **dû**	pouvoir	→ **pu**	écrire	→ **écrit**
dire	→ **dit**	croire	→ **cru**	peindre	→ **peint**	mettre	→ **mis**
naître	→ **né**	plaire	→ **plu**	suffire	→ **suffi**	vaincre	→ **vaincu**

Entraînement

1 ▶ Conjuguez au passé composé.

acheter du pain   entrer rapidement   fermer les volets   se lever tôt

2 ▶ Écrivez les verbes entre parenthèses au passé composé. (Attention à l'accord des participes passés.)

(rire)   En regardant ce film, les spectateurs ... beaucoup ... .
(survenir)   Un incident technique ... au début de la projection.
(s'enfermer)   Tu ... pour lire tranquillement ce roman policier.
(repartir)   Nous ... après avoir obtenu le certificat demandé.
(suivre / maigrir) Vous ... un régime draconien et vous ... rapidement.
(ralentir / traverser) L'automobiliste ... lorsqu'il ... le village.

3 ▶ Copiez les phrases en écrivant les verbes en gras au passé composé.

Ces meubles **appartiennent** à un célèbre antiquaire.
Je **mets** quelques gouttes de fleur d'oranger dans la pâte à crêpes.
Tu **répartis** les cartes entre tous les joueurs.
Justine **prévoit** l'achat d'un baladeur.
Stéphane **passe** chercher ses camarades pour disputer une partie de foot.
Comme il **neige**, il **faut** placer les chaînes sur les roues de la voiture.

4 ▶ Écrivez les verbes entre parenthèses au passé composé. (Attention à l'accord des participes passés.)

(réussir)   Vous ... à tuer les virus qui se trouvaient dans cet ordinateur.
(arriver)   Les touristes japonais ... au musée d'Orsay en autobus.
(prendre)   Parce qu'elle craint le froid, Marianne ... un bonnet de laine.
(devenir)   Après ses études, Laurent ... caissier dans une banque.
(descendre) Tous les passagers ... et l'autobus est vide ; il reste le chauffeur !
(oublier)   En fermant la porte, je m'aperçois que j'... mes clés à l'intérieur.

5 ▶ Copiez les phrases en écrivant les verbes en gras au passé composé. (Attention à l'accord des participes passés.)

Je **m'assois** au bord du bassin et je **lance** du pain aux cygnes.
Tu ne **gagnes** pas le gros lot et tu **maudis** le sort contraire.
Vous **obtenez** un délai de réflexion avant de confirmer votre accord.
Le trappeur **délivre** un petit renard pris au piège.

Le participe passé employé avec être

▶ **Le participe passé employé avec l'auxiliaire être** s'accorde en genre (*féminin* ou *masculin*) et en nombre (*singulier* ou *pluriel*) avec le sujet du verbe.

▶ **Lorsque le sujet est un pronom personnel**, il faut savoir quelle personne il représente pour connaître son genre, et donc celui du participe passé.
Souvent, seul celui qui écrit peut donner le genre du pronom personnel.

☞ Cas où le sujet est un **nom** :
Le <u>quai</u> est barr**é**. → La <u>rue</u> est barr**ée**.
Les <u>boulevards</u> sont barr**és**. → Les <u>avenues</u> sont barr**ées**.

☞ Cas où le sujet est un pronom **personnel** :
<u>Je</u> suis arrivé. → si la personne qui parle est de sexe masculin ;
<u>Tu</u> es arrivée. → si la personne à qui l'on parle est de sexe féminin ;
<u>Nous</u> sommes arrivés. → si il y a au moins une personne de sexe masculin parmi ceux qui parlent ;
<u>Vous</u> êtes arrivées. → si on ne parle qu'à des personnes de sexe féminin.

*E*t pour en savoir plus...

Lorsqu'une expression verbale est formée de **avoir été**, il s'agit de l'auxiliaire *être*. Dans ce cas, le participe passé qui suit s'accorde donc avec le sujet du verbe.
Le <u>véhicule</u> a été lavé. → La <u>voiture</u> a été lavée.
Les <u>véhicules</u> ont été lavés. → Les <u>voitures</u> ont été lavées.

Entraînement

1 ▶ Écrivez les verbes entre parenthèses au passé composé et accordez comme il convient.

(naître) Les enfants de Mme Devaux ... à la maternité de Vichy.
(retourner) À la recherche de mes clés, je ... sur mes pas.
(venir) Pleins d'espoir, ces Maliens ... travailler en France.
(s'engager) Ces jeunes gens ... dans la Légion étrangère.
(se tromper) En choisissant de tourner à gauche, vous ... de direction.
(se vexer) Mes sœurs ... parce que nous n'aimions pas leur coiffure.
(se hasarder) À Istanbul, Mme Degalle ... dans les ruelles du Bazar.

2 ▶ Transformez les phrases selon le modèle.

M. Chaval a échappé aux recherches. → M. Chaval s'est échappé.

Les chats ont léché leurs pattes.   M. Darmon a protégé son visage.
Les habitants ont organisé une fête.   J'ai inscrit mon nom.
Nous avons défendu notre camp.   Mme Clerc a peigné ses cheveux.
Les rescapés ont adapté leur campement.   Vous avez parfumé votre corps.

3 ▶ Accordez les participes passés entre parenthèses comme il convient.

(ouvert) Les principaux musées de Paris sont ... le dimanche.
(descendu) Pauline est ... jouer dans le jardin public avec ses amies.
(inondé) Si l'eau monte encore, les champs seront ... .
(devenu) La liaison aérienne Nice-Londres est ... régulière.
(mort) Ces oiseaux sont ... englués dans la nappe de pétrole.
(classé) Anne et Karine se sont ... aux deux premières places.
(isolé) Les fils électriques sont soigneusement ... .
(terminé) Les travaux sont ... depuis une semaine.

4 ▶ Écrivez les noms en gras au pluriel et accordez comme il convient.

Le **routier** s'est restauré au relais de la Croix-Blanche.
En sortant en mer malgré la tempête, ce **navigateur** amateur s'est ridiculisé.
Le **bulldozer** est parvenu à dégager la terre déposée par le torrent en crue.
Ce **téléphone** portable est relié en permanence au réseau.
Cette **proposition** de loi est adoptée par l'ensemble des députés.
Ce **morceau** de viande est conservé au congélateur.

RÉPONSES P. 120

17 Ne pas confondre

a et à

> ▶ On écrit **a** sans accent quand on peut le remplacer par *avait* ou *aura*.
> ▶ On écrit **à** avec un accent grave dans tous les autres cas.

☞ Le savant **a** des idées.
→ Le savant **avait** des idées.
→ Le savant **aura** des idées.

☞ une machine **à** calculer

☞ partir **à** la campagne

▶ **a** (sans accent) est une forme du verbe *avoir* à la 3ᵉ personne du singulier au présent de l'indicatif ; c'est pourquoi on peut la remplacer par une autre forme conjuguée du verbe *avoir*.

Ronald **a** le cœur sur la main.
→ Ronald **avait** le cœur sur la main.

▶ **à** (avec accent grave) est une **préposition.** Elle est souvent placée devant un groupe nominal, un pronom ou un verbe à l'infinitif.

Mon oncle habite **à** la limite du département.
Je pense souvent **à** lui.
Voici une tarte **à** partager en huit morceaux.

Et pour en savoir plus...

 Il ne faut pas confondre :
– **a + participe passé** d'un verbe du 1ᵉʳ groupe ;
Souad a emporté une pizza.

– avec **à + infinitif** d'un verbe du 1ᵉʳ groupe.
Souad achète une pizza à emporter.

La prononciation de ce couple de mots est la même ; il faut donc toujours essayer de remplacer *a* par *avait*.

Entraînement

1 ▶ Conjuguez les verbes au passé composé.

manger un œuf à la coque
J'ai mangé un œuf à la coque.
Tu ...
Lazare ...
Nous ...
Vous ...
Mes sœurs ...

repasser des chemises
J'ai repassé des chemises.
Tu ...
Claudie ...
Nous ...
Vous ...
Les couturières ...

2 ▶ Écrivez les verbes en gras au présent de l'indicatif.

Heureusement que Patrick n'**avait** parlé de cette affaire à personne.
Le randonneur **avait** de quoi se restaurer en chemin.
Le gardien de l'immeuble **avait** vérifié le bon fonctionnement de l'ascenseur.
Ce rapide croquis m'**avait** aidé à déterminer la direction à suivre.
Le plombier **avait** pu réparer la vidange de la baignoire.

3 ▶ Complétez avec a ou à. (Essayez de remplacer par avait.)

Ce peintre est habile ... manier le pinceau ; il ... exécuté trois toiles de qualité.
Cette proposition est ... prendre ou ... laisser ; c'est ... vous de décider.
Le journaliste ... rédigé avec sérieux l'article qu'il ... remis ... sa direction.
Dans le virage, le camion se mit ... déraper et il ... terminé dans le fossé.
Incroyable, ... tout instant tu ne penses qu'... te disputer avec tes voisins !
On trouve de tout dans ce placard ... balais, sauf des balais !

4 ▶ Complétez les expressions et les phrases avec a ou à. Utilisez les expressions trouvées pour remplacer celles qui sont en gras.

... sa tête – ... la tête du peloton – ... tue-tête

... la tête – ... tête reposée – en tête ... tête

Ces hommes d'affaires ont déjeuné **l'un en face de l'autre**.
Le comte de Monte-Cristo était **en possession** d'une immense fortune.
Cet artiste ... chanté **de toute la force de sa voix**.
Julien n'en ... fait que **selon sa volonté**.
Armand Dumond ... réussi ... se porter **en première position**.
Farida ... étudié ce problème **dans un moment de calme**.

RÉPONSES P. 121

18 — Ne pas confondre

est et *et*

- ▶ On écrit **est** quand on peut le remplacer par *était* ou *sera*.
- ▶ On écrit **et** quand on peut le remplacer par *et puis*.

☞ Le canot **est** à la dérive.
→ Le canot **était** à la dérive.
→ Le canot **sera** à la dérive.

☞ Le facteur apporte des lettres **et** le journal.
→ Le facteur apporte des lettres **et puis** le journal.

▶ **est** est une forme du verbe *être* à la 3ᵉ personne du singulier du présent de l'indicatif ; c'est pourquoi on peut la remplacer par une autre forme conjuguée du verbe *être*.

Le camion **est** sur le parking.
→ Le camion **était** sur le parking.
→ Le camion **sera** sur le parking.

▶ **et** est un petit mot qui relie deux autres mots ou deux groupes de mots.

J'adore les glaces **et** les gâteaux.
→ J'adore les glaces **et puis** les gâteaux.
J'adore les glaces à la fraise **et** j'en commande une en dessert.
→ J'adore les glaces à la fraise **et puis** j'en commande une en dessert.

Et pour en savoir plus...

☀ En principe, **est** se prononce (è), alors que **et** se prononce (é). On devrait pouvoir distinguer ces deux mots oralement.
Néanmoins, dans certaines régions, la différence ne s'entend pas. Il vaut donc mieux essayer de remplacer par *était* ou *et puis*.

Entraînement

1 ▶ Conjuguez les verbes au présent de l'indicatif.
être en voyage – être dans le doute – être en colère – être au rendez-vous

2 ▶ Copiez les phrases en complétant avec est ou et. (Essayez de remplacer par était ou et puis.)
L'horodateur ... en panne, ... M. Bondy n'a pas son ticket de stationnement.
Après l'orage, la route ... inondée ... les véhicules circulent avec difficulté.
L'émission ... interrompue par des messages publicitaires.
Manifestement, la réponse ... fausse ... tu devras reprendre tous les calculs.
Le supermarché ... ouvert jusqu'à vingt ... une heures.
Le guide ... d'accord pour nous montrer le passage secret du château.

3 ▶ Écrivez les noms en gras au singulier et accordez.
Les **nageurs** sont prêts et ils attendent le signal du départ du 100 mètres.
Les **charnières** sont en mauvais état et les **portes** sont difficiles à fermer.
Ces **livres** sont couverts avec du papier transparent.
Les **escaliers** roulants sont en réparation ; il faut monter à pied.
Des **tableaux** de Paul Klee sont exposés dans une galerie de la rue Childebert.
Les **textes** sont écrits en cyrillique et ils sont difficiles à traduire.

4 ▶ Copiez ces phrases en complétant avec est ou et. (Essayez de remplacer par était ou et puis.)
Sébastien ... inscrit pour le cross ... il compte se classer parmi les premiers.
Mon frère ... parti travailler en Bretagne ... nous ne le voyons que rarement.
La viande ... présentée avec des haricots verts ... des tomates provençales.
La banque ... fermée pendant tout le week-end.
Le courrier ... trié en fin de journée ... distribué le matin suivant.

5 ▶ Transformez ces expressions selon le modèle.
une lointaine cité abandonnée → La cité est lointaine et abandonnée.

un long film ennuyeux
une timide parole inaudible
un cruel animal sanguinaire
un court récit mouvementé

un vaste domaine cultivé
un banal appartement meublé
un subtil parfum envoûtant
un ancien monument délabré

RÉPONSES P. 122

19 Ne pas confondre

ont et *on*

▶ Il faut écrire **ont** lorsqu'on peut le remplacer par *avaient* ou *auront*.

▶ Il faut écrire **on** lorsqu'on peut le remplacer par *il*, *elle* ou *l'homme*.

Les jardiniers **ont** arrosé.
 Les jardiniers **avaient** arrosé.
 Les jardiniers **auront** arrosé.

On ne croit plus au Père Noël.
 Il ne croit plus au Père Noël.
 Elle ne croit plus au Père Noël.

▶ **Ont** est une forme du verbe *avoir* à la 3e personne du pluriel du présent de l'indicatif ; c'est pourquoi on peut la remplacer par une autre forme conjuguée du verbe *avoir*.

▶ **On** est un pronom personnel de la 3e personne du singulier, toujours sujet du verbe. Il peut donc se remplacer par un autre sujet à la 3e personne du singulier.

Et pour en savoir plus...

 On peut désigner plusieurs personnes ; il est alors employé à la place de *nous*. Dans ce cas, le participe passé peut s'accorder.
On est étonné**s** par tant de bruit. – **On** est étonné**es** par tant de bruit.

Mais comme les deux orthographes sont admises, ne vous compliquez pas la tâche : considérez que **on** est toujours au masculin singulier, et ne faites pas l'accord !
On est étonné par tant de bruit.

Entraînement

1 ▸ **Complétez les phrases avec on ou ont. (Essayez de remplacer par il ou avaient.)**

… remplacera les tables qui … besoin d'être réparées.
… préfère de beaucoup vivre avec des gens qui … le sens de l'humour.
Les vents … fait des dégâts ; … sera privé d'électricité pendant deux heures.
Quelquefois, … prétend que les astres … une influence sur notre vie.
… sait ce que l'on quitte, mais … ne sait pas ce que l'… aura.
Les programmes qui … un numéro de code, … ne peut pas les copier.

2 ▸ **Écrivez les noms en gras au pluriel et accordez comme il convient.**

Le **chirurgien** a greffé un morceau de peau sur le bras du brûlé.
Cet **objet** a de la valeur, on en prendra le plus grand soin.
Le **hockeyeur** a des patins neufs ; on pense qu'**il** sera plus rapide.
Le **consommateur** a protesté contre la mauvaise qualité des aliments.
La **bâche** a protégé le podium ; on a pu assister à la fin du concert.
La **puce** électronique a révolutionné notre mode de vie.

3 ▸ **Complétez les phrases avec on ou ont. (Essayez de remplacer par il ou avaient.)**

Les baleines … une vie aquatique, et … croit parfois que ce sont des poissons.
Mes cousins … raconté des histoires drôles toute la soirée ; … a bien ri.
Avec ces autobus, les handicapés … la possibilité de monter sans difficulté.
… ne jette plus de déchets n'importe où ; … les trie et … essaie de les recycler.
Lorsqu'… prépare ses valises, les soucis quotidiens n'… plus d'importance.
Ces rochers … gardé des traces de la dernière marée noire.

4 ▸ **Copiez les phrases en remplaçant le pronom sujet nous par le pronom sujet on. Accordez comme il convient.**

Si **nous** tendons bien l'oreille, **nous** entendrons le chant du rossignol.
Dans le gymnase, **nous** avons installé trois tables de ping-pong.
Nous projetons un voyage en Suisse, mais **nous** n'avons pas assez d'argent.
Nous avons allumé le barbecue et **nous** avons fait griller des merguez.
Après l'atterrissage, **nous** avons poussé un *ouf* de soulagement.
Nous avons surfé sur Internet, mais **nous** n'avons pas trouvé l'information.

Ne pas confondre

sont et son

▶ On écrit **sont** lorsqu'on peut le remplacer par *étaient* ou *seront*.

▶ On écrit **son** lorsqu'on peut le remplacer par *sa* ou *ses* suivi d'un nom féminin ou pluriel.

Les invités **sont** en retard.

☞ Les invités **étaient** en retard.

☞ Les invités **seront** en retard.

Le comédien apprend **son** texte.

☞ Le comédien apprend **sa** tirade.

☞ Le comédien apprend **ses** textes.

▶ **Sont** est une forme du verbe *être* à la 3ᵉ personne du pluriel du présent de l'indicatif ; c'est pourquoi on peut la remplacer par une autre forme conjuguée du verbe *être*.

▶ **Son** est un déterminant possessif singulier. Il peut donc se remplacer par un autre déterminant possessif : *sa*, *ses*, *mon*...

Et pour en savoir plus...

Attention, même si **son** est un déterminant possessif masculin, on le place devant des noms (ou des adjectifs) féminins lorsqu'ils commencent par une voyelle ou un *h* muet.

son oreille – son écriture – son habitude

La liaison fait parfois apparaître le *n* final de **son**.

son (n)avis – son (n)argent – son (n)usine – son (n)haleine

1 ▸ **Écrivez les noms en gras au pluriel. N'oubliez pas les accords.**

On dit que l'**âne** est têtu, mais on parle peu de son ardeur au travail.
Le **chamois** est heureux de vivre dans la montagne, c'est son domaine.
Le **ballon** de rugby n'est pas rond, savez-vous pourquoi ?
Au plus fort de l'hiver, le **toit** est couvert de neige.
Ce **médecin** est de garde en fin de semaine ; **il** est beaucoup sollicité.
Le **journaliste** est à la recherche d'un sujet de reportage.

2 ▸ **Complétez les phrases avec sont ou son. (Essayez de remplacer par étaient ou mon.)**

Comme on fait ... lit, on se couche.
Les cimetières ... remplis de gens qui se ... crus indispensables.
Le Doubs est sorti de ... lit, les prairies ... inondées.
Tintin et ... chien Milou ... allés sur la Lune bien avant les Américains.
Quelles ... les compétitions sportives inscrites aux Jeux olympiques ?
Les nuits polaires ... toujours glaciales, quelle que soit la saison.
M. Morange sort ... carnet de chèques pour régler ... achat.

3 ▸ **Remplacez les noms en gras par ceux entre parenthèses. Accordez.**

(conseil)   J'écoute Amélie car ses **informations** sont judicieuses.
(plumes)   Ce perroquet est magnifique ; son **plumage** est coloré.
(pantalon)   Erwan repasse ses **vêtements** avec soin.
(adversaires)   Justin s'entraîne avec ténacité ; son **camarade** est admiratif.
(jeunes gens)   Un **inconnu** est au pied de l'immeuble.
(désagréments)   Un **ennui** est à craindre si vous continuez à travailler ainsi.

4 ▸ **Écrivez les verbes en gras au passé composé. (Attention à l'accord des participes passés.)**

Les chercheurs d'or **s'enrichissent** en quelques semaines.
Les choses **s'arrangent** bien pour M. Marmier ; il **retrouve** son emploi.
Les jeunes mariés **vont** chez le photographe juste après la cérémonie.
Les routiers **arrivent** au Marché de Rungis ; certains **restent** plusieurs heures.
Dès neuf heures, les clients **entrent** dans la supérette avec leur caddie.
Après le tremblement de terre, les sinistrés **s'organisent** petit à petit.
Les cosmonautes **partent** à l'heure ; le décollage **se déroule** sans incident.

21 Les mots invariables

▶ **Certains mots s'écrivent toujours de la même façon :** ils ne s'accordent jamais. On dit qu'ils sont invariables.

▶ **On les emploie très souvent**, il faut donc bien connaître la façon dont ils s'écrivent. Il n'y a pas de règle pour apprendre leur orthographe.

Quelques mots invariables :
vite – souvent – comment – toujours – demain – déjà – après – aujourd'hui

☞ Elle court **vite**. – Ils courent **vite**.

☞ Il vient **souvent** à la maison. – Elles vont **souvent** au cinéma.

☞ **Comment** allez-vous ? – Je sais **comment** faire.

☞ Il se plaint **toujours**. – Il fait **toujours** beau.

☞ **Demain**, je ferai des crêpes. – Nous en reparlerons **demain**.

☞ Sais-tu **déjà** nager ? – J'ai **déjà** préparé mes bagages.

☞ **Après** la pluie, le beau temps. - Je passerai **après** vous.

☞ Nous partons **aujourd'hui**. – J'ai vingt ans **aujourd'hui** !

Et pour en savoir plus...

Parmi les mots invariables, on trouve les adverbes terminés par *-ment*.

calmement – adroitement – normalement – justement – simplement – rarement – heureusement – vivement

Il ne faut pas confondre les adverbes terminés par *-ment* (qui ne s'accordent pas) avec les noms eux aussi terminés par *-ment* (qui s'accordent).

Les **instruments** (nom) à cordes jouent **tristement** (adverbe).
Les **changements** (nom) auront lieu **rapidement** (adverbe).

Entraînement

1 ▶ Copiez les phrases en les complétant par ces mots invariables.
autant – lorsque – pourquoi – contre – pour – bien – rien – vers – très

L'haltérophile soulève une barre de cent kilos ; il est vraiment ... fort.
L'échelle est appuyée ... le mur ; tu ne risques ..., je la tiens ... .
M. Bérard se dirige ... les caisses, il se demande ... il y a ... de monde.
... vous êtes malade le dimanche, il faut appeler le médecin de garde.
... les musiciens de rock, le rythme est une seconde nature.

2 ▶ Copiez les phrases en les complétant par ces mots invariables.
assez – quand – ensemble – plus – parce que – plutôt – jamais

Line n'achètera pas son pain ... la boulangerie est fermée.
M. Barrel réparera la tondeuse ... il aura un moment de libre.
Rémi n'aime pas les poireaux en salade, il préfère ... les asperges.
Joachim et Rudy partiront en vacances ... .
Aurez-vous ... de peinture pour terminer le travail ?
Au Sahara, il ne pleut ... et l'herbe est ... rare que le sable.

3 ▶ Copiez les phrases en complétant avec ces mots invariables.
obligatoirement – prochainement – doucement – mystérieusement – fermement

L'escrimeur tient ... son épée, il ne tremble pas.
Le satellite de télécommunication a ... disparu.
Pour conduire ce camion, il faut ... posséder un permis poids lourds.
M. Gallet se rendra ... en Russie.
Si vous déplacez ... le meuble, vous éviterez de le rayer.

4 ▶ Complétez ces proverbes avec les mots invariables qui conviennent. (Vous pouvez utiliser un dictionnaire.)

On ne fait pas d'omelette ... casser des œufs.
On a ... besoin d'un plus petit ... soi.
Il n'y a que les montagnes qui ne se rencontrent ... .
... deux maux, il faut choisir le moindre.
Il faut tourner sept fois sa langue dans sa bouche ... de parler.
Il faut battre le fer ... qu'il est chaud.

RÉPONSES P. 125

Les accents

▶ **Les accents se placent sur les voyelles** ; ils en modifient souvent la prononciation. Ils sont aussi importants que les lettres, car ils facilitent la lecture.

▶ **La lettre e ne prend jamais d'accent :**
– si elle est placée **devant une double consonne** ;
– si elle est placée **devant un *x*.**

▶ *L'accent aigu* ´ se place uniquement sur la lettre **e** qui se prononce alors (**é**).

▶ *L'accent grave* ` **se place essentiellement sur la lettre e** qui se prononce alors (**è**).

▶ *L'accent circonflexe* ^ **peut se placer sur la lettre e** qui se prononce alors (**è**).

On peut trouver un accent circonflexe sur d'autres voyelles.

Mots avec accent

☞ la té**lé**vision – l'**é**cran – la r**é**alit**é**

☞ le fr**è**re – le m**è**tre – la col**è**re

☞ la f**ê**te – arr**ê**ter – la fen**ê**tre

☞ un b**â**ton – l'h**ô**tel – la ch**a**îne – la fl**û**te

Mots sans accent

☞ la pe**ll**e – la le**tt**re – une pie**rr**e – une tre**ss**e – une sonne**tt**e

☞ l'e**x**plication – l'e**x**amen – e**x**terne – l'e**x**pression

Et pour en savoir plus...

Il n'y a pas d'accent sur la lettre **e** si elle ne termine pas une syllabe.
une veste (ves/te) – moderne (mo/der/ne) – la lecture (lec/tu/re)

Exceptions : certains mots terminés par **-ès** ou **-e**.
le succès – le procès – la chaussée

En cas d'hésitation, il faut toujours vérifier l'orthographe dans un dictionnaire.

Entraînement

1 ▸ **Reproduisez le tableau en classant les mots comme il convient.**
épais – la pièce – un carnet – l'herbe – réunir – la lèvre – prêter – la vaisselle – pénible – une crevette – le problème – la terre – après – la tempête – la forêt – le gruyère – la bêtise – énorme – le vêtement – la moitié

accent aigu	accent grave	accent circonflexe	pas d'accent
...	...	...	...

2 ▸ **Complétez avec é ou e.**

le r...veil	le m...d...cin	la r...citation	le r...gim...
un d...tail	la v...rit...	le r...gard	une h...lic...
une l...gend...	l'...col...	d...main	le d...s...rt
l'...tud...	une ...quip...	le d...but	la vari...t...

3 ▸ **Complétez avec è ou e.**

la m...re	la sc...ne	le r...ste	la rivi...re
la sali...re	la panth...re	la cr...me	l'ann...xe
une fl...che	le d...ssin	une ...xcuse	le s...cteur

4 ▸ **Complétez avec ê ou e.**

la conqu...te	une om...l...tte	b...ch...r	la cr...te
g...nant	v...rnir	int...rv...nir	honn...te
un b...c	la saut...r...lle	tr...ss...r	m...me

5 ▸ **Copiez les phrases en plaçant les accents oubliés. (Vous pouvez utiliser un dictionnaire.)**
Pres des raffineries de petrole, l'atmosphere est souvent polluee.
Le medecin examine le malade avant d'emettre son diagnostic.
Le succes obtenu par cet acteur est vraiment sans precedent.
Au debut de l'ete, la grele a ravage la majorite des champs de ble.
Le mecanicien a verse un litre d'antigel dans le moteur.

6 ▸ **Placez les accents circonflexes oubliés. Utilisez un dictionnaire.**

| un tableau | le theatre | la hache | le diner | la cloture |
| un bateau | verdatre | la bache | la boite | le coté |

RÉPONSES P. 126

23 Les consonnes doubles

Une consonne ne peut être doublée que dans certains cas :
- entre deux voyelles ;
- entre une voyelle et la consonne *r* ;
- entre une voyelle et la consonne *l*.

Comme les exceptions sont nombreuses, en cas de doute, **il faut toujours vérifier l'orthographe dans un dictionnaire.**

Exemples

☞ la po**mm**ade – le ba**ll**on – le te**rr**ain – a**ff**icher – le cou**ss**in

☞ ba**tt**re – a**pp**rendre – a**ff**ronter – a**cc**rocher

☞ a**pp**laudir – sou**ff**ler – a**cc**lamer

▶ **Une voyelle accentuée** n'est jamais suivie d'une consonne double.

    une péniche – un rôle
    une bête – une boîte
    un frère – brûler

▶ **Une consonne** n'est jamais doublée lorsqu'elle suit une autre consonne.

    parler – penser – entourer – impossible – tourner – rester – quelque – abriter

*E*t pour en savoir plus...

Toutes les consonnes peuvent être doublées, sauf : *h, j, q, v, w, y.*

l'a**bb**aye – l'a**gg**lomération – une a**dd**ition – le dra**kk**ar

Quelques mots d'origine étrangère, employés couramment, se terminent par une double consonne.

le blu**ff** – le footba**ll** – le music-ha**ll** – un pu**ll** – le cro**ss** – le stre**ss** – le ja**zz** – un kilowa**tt** – une mi**ss** – un tro**ll**.

Entraînement

1 ▶ Complétez avec l ou ll. (Utilisez un dictionnaire.)

le ba...on	le co...ège	bou...everser	la vi...e
le ba...ai	la co...ombe	rebe...e	appe...er
le ba...adeur	le co...orant	un mi...iard	une écue...e
la ba...afre	la co...ection	le mi...ieu	la pe...e
la ba...ance	la co...ine	la vaisse...e	le domici...e
le pou...et	une co...ision	un bu...etin	para...è...e

2 ▶ Complétez avec r ou rr. (Utilisez un dictionnaire.)

En été, M. Marlin a...ose son ja...din tous les soirs.
Ce film est sans inté...êt, jouons plutôt aux ca...tes.
On dit souvent qu'on ne peut pas avoir le beu...e et l'a...gent du beu...e.
M. Bouvier inte...oge son répondeur téléphonique
Le pa...ain de Ma...ie la couv...e de cadeaux ; elle est heu...euse.
Rien ne se...t de cou...ir, il faut pa...tir à point.
Un ca...é a quat...e côtés égaux et quat...e angles d...oits.

3 ▶ Complétez avec t ou tt. (Utilisez un dictionnaire.)

la sonne...e	la gro...e	l'assie...e	gra...er
la cuve...e	la caro...e	le châ...eau	la lu...e
un mo...eur	un visi...eur	une gou...e	un lu...in
un ba...eur	une le...re	regre...er	se blo...ir

4 ▶ Complétez avec n ou nn. (Utilisez un dictionnaire.)

La rei...e d'Angleterre porte sa couro...e dans les gra...des occasions.
Les chèvres sont affolées par le to...erre qui gro...de.
Simon a cassé sa raquette de te...is en frappant le filet.
Le télépho...e portable co...aît une expa...sion exceptio...elle.
Claire a toujours porté des lu...ettes : elle est myope.

5 ▶ Complétez avec p ou pp. (Utilisez un dictionnaire.)

su...rimer	le sou...er	a...ercevoir	un cale...in
une envelo...e	le cha...eau	a...rendre	le na...eron
une gra...e	s'écha...er	une soucou...e	la gri...e
un a...ui	l'hô...ital	la ré...étition	attra...er

RÉPONSES P. 127

Les noms féminins terminés par le son (é)

▶ **La plupart des noms féminins terminés par le son (é) s'écrivent en ée.**
Exception : une clé (qui peut aussi s'écrire clef)
▶ **Attention, les noms féminins terminés par les syllabes té ou tié se terminent le plus souvent par é.**

Exemples

- l'arrivée
- la journée
- la santé
- la moitié
- une année
- une azalée
- la vérité
- l'amitié
- la rangée
- une allée
- la gaieté
- la pitié

Certains noms féminins en -té se terminent par ée.
Il s'agit :
– des six exceptions : la dictée – la montée – la portée – la jetée – la butée – la pâtée
– des noms qui indiquent un contenu : une assiettée – une platée – une potée – une nuitée – la brouettée

Et pour en savoir plus...

 Pour les **noms masculins** terminés par le son (é), il n'y a pas de règle, même si beaucoup d'entre eux finissent par **-er**.

l'ouvrier – le pommier – le rocher – le collier – l'escalier – un bijoutier
le café – le pavé – le fourré – le degré
le lycée – le musée – le nez – le pied

 En cas de doute, il faut toujours consulter un dictionnaire.

Entraînement

1 ▶ Complétez avec un nom féminin, terminé par le son (é), de la même famille que le nom entre parenthèses. (Vous pouvez utiliser un dictionnaire.)

(le poing)   La ... de la porte est bloquée ; je ne peux pas entrer.
(le cheval)   Les cow-boys se sont lancés dans une ... fantastique.
(un bras)   Baptiste apporte une ... de lilas à son amie Madeleine.
(un soir)   En fin de ..., nous regarderons un film de science-fiction.
(le jour)   Le boulanger travaille la nuit et dort une partie de la ... .
(le rang)   Les tables de la ... du milieu ont été changées.
(l'arme)   Le fils de M. Godin s'est engagé dans l'... de l'air.

2 ▶ Écrivez le nom féminin en (é) correspondant à chaque verbe.
tourner → la tournée

entrer   durer   couler   fumer
échapper   plonger   pincer   mêler

3 ▶ Transformez selon le modèle. (Utilisez un dictionnaire.)
un vendeur aimable → l'amabilité d'un vendeur

un ami loyal   un pays pauvre
un beau paysage   un concurrent nerveux
un singe agile   une position ferme
une explication claire   un détective curieux

4 ▶ Complétez ces noms féminins.

une flamb... de colère   une id... de voyage   une dict... de mots
une fricass... de volaille   une bouff... de chaleur   la jet... du port
une envol... de moineaux   une bouch... de pain   une sant... de fer

5 ▶ Complétez ces noms féminins par -é ou -ée.

l'identit...   la gravit...   la cl...   la charit...
la mosqu...   la sécurit...   la destin...   la tranch...
la saign...   la mar...   l'autorit...   la vanit...
la ros...   la gel...   la chauss...   la gorg...
la beaut...   la tranquillit...   la port...   la mendicit...

RÉPONSES P. 128

25 Le son (s) :
s, ss, c, ç ou t

Le son (s) peut s'écrire de plusieurs manières :
- ▶ s
- ▶ ss (entre deux voyelles)
- ▶ c (seulement devant les voyelles *e, i, y*)
- ▶ ç (seulement devant les voyelles *a, o, u*)

Le choix entre ces écritures est difficile, il faut donc retenir peu à peu (ou bien apprendre par cœur) les orthographes les plus courantes, et toujours consulter un dictionnaire en cas de doute.

Exemples

- ☞ la **s**alade
- ☞ le poi**ss**on
- ☞ per**c**er
- ☞ la fa**ç**ade
- ☞ la pen**s**ée
- ☞ au**ss**itôt
- ☞ le **c**irage
- ☞ la le**ç**on
- ☞ un ca**s**que
- ☞ cha**ss**er
- ☞ le **c**ygne
- ☞ un re**ç**u

▶ La lettre **t** peut se prononcer (s).
l'acroba**t**ie – une péripé**t**ie
la pa**t**ience – les ini**t**iales

C'est le cas dans beaucoup de noms terminés par **-tion**.
la puni**tion** – la loca**tion**
la rela**tion** – une inven**tion**

▶ Le son (s) peut aussi s'écrire **sc** dans quelques mots.
la pi**sc**ine – la **sc**ène – l'a**sc**enseur
ressu**sc**iter – la con**sc**ience

Et pour en savoir plus...

Attention, **entre deux voyelles**, la lettre **s** se prononce (z).
po**s**er – choi**s**ir – la télévi**s**ion – la mai**s**on – la cui**s**ine

Exceptions : le para**s**ol – le tourne**s**ol – l'entre**s**ol – vrai**s**emblable

Entraînement

1 ▶ Complétez avec s ou ss, pour écrire le son (s).

une cai...e un ca...tor une ta...e un ma...age
un co...tume une ca...erole une cla...e une ca...cade
la po...te ru...tique di...puter un hu...ard
un ba...in un bi...cuit la cui...on bru...quement

2 ▶ Complétez les mots avec c ou ç, pour écrire le son (s).

la balan...oire la fa...on une fian...ée tra...er
la balan...e mer...i les fian...ailles le tra...age
la Fran...e un cale...on un aper...u grin...er
un Fran...ais un soup...on aper...evoir grin...ant

3 ▶ Complétez les phrases avec ces noms dans lesquels on entend (s).
anniversaire – médecin – ordonnance – adolescente – saucisson – sandwich

Après avoir examiné le malade, le ... rédige son ... .
Lorsqu'elle a remporté sa médaille d'or, Laure n'était encore qu'une ... .
Pour son ..., Christine a réuni ses amis autour d'un barbecue.
Votre ..., vous le voulez au jambon ou au ... ?

4 ▶ Trouvez le nom terminé par -tion correspondant à chaque verbe.
vibrer → *la vibration*

cotiser dévier respirer former
agiter sentir adopter traduire
vacciner répéter inviter habiter

5 ▶ Complétez la fin des noms avec -s ou -sse. (Utilisez un dictionnaire.)

un a... de trèfle une vi... sans fin un viru... mortel
une pa... précise une cro... de fusil une écrevi... rose
un cassi... à l'eau un blocu... économique un o... du crâne
un humu... fertile une oasi... de paix une bo... au front

6 ▶ Complétez avec sc, c ou ss. (Utilisez un dictionnaire.)

fluore...ent de...errer la di...ipline l'a...enseur
indé...ent de...endre la di...imulation l'a...emblée

RÉPONSES P. 129

26 Le son (gue) :
g, gg ou gu

Le son (gue) s'écrit différemment selon la lettre qu'il précède.
- Il s'écrit **g** devant les voyelles *a*, *o*, *u* et les consonnes *l* et *r*.
- Il s'écrit **gu** devant les voyelles *e*, *é*, *è*, *ê*, *i* et *y*.

Exemples

- garder
- régler
- une bague
- la guêpe
- le goût
- la graisse
- guérir
- la guitare
- régulier
- un gâteau
- guère
- Guy

▶ **Devant les voyelles e, é, è, ê, i et y**, si on ne place pas un *-u* après la lettre *g*, on obtient le son (j).

la page – un géant – il digère – gêner – la girafe – la gymnastique

▶ **La lettre g peut être doublée** dans quelques mots.

le toboggan – l'agglomération – aggraver

▶ **Le son (gue)** a parfois une orthographe particulière.

le ghetto – les spaghettis – la seconde – secondaire – seconder
[la lettre *c* se prononce (gue)]

Et pour en savoir plus...

Dans certains mots, la lettre **g** ne se prononce pas.
un poing – vingt – longtemps – le sang – un étang

Suivie de la lettre **n**, la lettre **g** se prononce (gn).
le gagnant – le compagnon – la montagne – la poignée

Entraînement

1 ▶ Dans ces mots on entend le son (gue). Complétez-les avec g ou gu.

la va...e	le ...arage	un ...osse	ré...ulier
...ourmand	la ...imauve	la ...auche	le ma...asin
un ...ant	le ...âteau	re...arder	...etter
...oûter	navi...er	le ...épard	ri...oler
le ru...by	dé...uster	la lon...eur	le wa...on
une fi...e	un ...ide	un lé...ume	li...oter

2 ▶ Ces mots commencent par le son (gue). Complétez-les avec g ou gu.

le ...osier	des ...illemets	la ...outte	...érir
la ...itare	le ...arçon	la ...irlande	...agner
le ...idon	la ...eule	la ...orge	la ...alette
le ...azon	la ...alerie	un ...obelet	le ...oulot
le ...olf	la ...raine	du ...oudron	une ...lissade

3 ▶ Complétez les phrases avec des noms où on entend le son (gue).

Les piqûres de ...pe, c'est souvent très douloureux.
Pour effacer les traits du crayon noir, Johan utilise une ... spéciale.
Les ba... de M. Saunier sont restés dans l'avion.
Il n'y a rien de plus irritant que l'odeur du ci... dans une pièce fermée.
Dans les contes de fées, le dra... est un animal fabuleux qui crache le feu.

4 ▶ Complétez chaque phrase avec le mot qui convient.

(langue / lange)
La ... chinoise est la plus parlée dans le monde.
La puéricultrice ... le nouveau-né.

(guère / gère)
Le notaire ... les biens des personnes âgées de la maison de retraite.
Dans les villages français, on ne rencontre plus ... de forgerons.

(mangue / mange)
Guillaume ... plus volontiers son dessert que sa viande.
La ... est un fruit tropical très parfumé.

(orgue / orge)
Les chanteurs des rues s'accompagnaient à l'... de Barbarie.
Le palefrenier apporte un peu d'... aux chevaux.

RÉPONSES P. 130

27 Les lettres finales muettes

▶ À la fin de certains noms ou adjectifs, il y a une ou des **consonnes muettes** (que l'on n'entend pas).
le paradi**s** – un doig**t** – un monsieu**r** – un pri**x** – un suspec**t** – blon**d** – brumeu**x** – brûlan**t**

▶ Pour trouver la **lettre finale**, on peut essayer de former le féminin ou chercher un mot de la même famille. On entend alors la bonne consonne.

☞ long → longue   ☞ grand → grande   ☞ petit → petite

☞ blanc → blanche   ☞ étroit → étroite   ☞ concis → concise

☞ le fusil → la fusillade   ☞ l'éclat → éclater   ☞ l'accord → accorder

▶ **Attention !** Il n'est pas toujours possible d'utiliser le procédé ci-dessus :
– parce qu'on ne trouve pas de mots de la même famille ;
le brouillar**d** – le lila**s** – un escargo**t** – le secour**s**
– ou parce que ceux-ci peuvent entraîner une erreur.
un bijou**tier**, mais : un bijou – favori**ser**, mais : le favori

▶ En cas de doute, il faut toujours consulter un **dictionnaire**.

Et pour en savoir plus...

Les **liaisons** mettent parfois en évidence les lettres muettes.
un petit (t)éléphant – un mauvais (z)arrangement

Lorsqu'on accorde les mots au pluriel ou lorsqu'on conjugue les verbes, on place aussi des **lettres muettes**.
des tomates mûres – de larges morceaux
je fais – ils montent – tu souris – elle dort

Entraînement

1 ▶ Donnez un nom de la même famille que ces mots. Ce nom doit avoir une lettre finale muette.

le tronçon → le tronc

la literie → un ...	les salutations → un ...	la ganterie → un ...
la toiture → un ...	un piédestal → un ...	la jointure → un ...
venté → le ...	un crochet → un ...	le chanteur → un ...
la sainteté → un ...	la candidature → un ...	la flotte → le ...
un paysan → un ...	la galopade → le ...	la méprise → le ...

2 ▶ Donnez un nom de la même famille que ces verbes. Il doit avoir une lettre finale muette.

regarder → le regard

flancher → ...	farder → ...	comploter → ...
poignarder → ...	suspecter → ...	respecter → ...
débuter → ...	appâter → ...	fracasser → ...
retarder → ...	ranger → ...	combattre → ...
tricoter → ...	réciter → ...	refuser → ...
arrêter → ...	marchander → ...	abuser → ...

3 ▶ Avant de compléter ces noms avec une lettre muette, cherchez un mot de la même famille qui vous donnera une indication.

le sportif → le sport – souhaiter → le souhait

... → le lar...	... → l'outi...	... → l'échafau...
... → le cham...	... → l'univer...	... → un concer...
... → le plom...	... → le bour...	... → un candida...
... → le parfu...	... → le progrè...	... → le cadena...

4 ▶ Aidez-vous du mot entre parenthèses pour compléter les phrases avec un mot qui se termine par une lettre muette.

(débarrasser) Les vieux objets s'entassent dans le ... près du garage.
(standardisé) Le ... téléphonique est saturé ; il y a dix minutes d'attente.
(essaimer) Pour approcher un ... d'abeilles, il faut bien se protéger.
(la rizière) Comme dessert, le chef pâtissier propose un gâteau de ... .
(planter) M. Bourdeau prépare lui-même ses ... de tomates.
(sanguin) Je me suis coupé et j'ai perdu un peu de ... .

RÉPONSES P. 130

La lettre *m* devant *b*, *m* ou *p*

▶ **Devant les consonnes b, m, p, la lettre *n* est remplacée par la lettre *m*.**

▶ **Exceptions :**
un bon<u>b</u>on – une bon<u>b</u>onne – une bon<u>b</u>onnière
néan<u>m</u>oins – de l'embonpoint

☞ l'am<u>b</u>ulance
☞ le sym<u>b</u>ole
☞ sem<u>b</u>lable
☞ septem<u>b</u>re
☞ du jam<u>b</u>on
☞ une om<u>b</u>re
☞ em<u>b</u>rasser

☞ em<u>m</u>itoufler
☞ em<u>m</u>ailloter
☞ em<u>m</u>êler
☞ em<u>m</u>ancher
☞ em<u>m</u>agasiner
☞ em<u>m</u>énager
☞ em<u>m</u>ener

☞ le cram<u>p</u>on
☞ une sym<u>p</u>honie
☞ la cam<u>p</u>agne
☞ com<u>p</u>lètement
☞ rem<u>p</u>lir
☞ grim<u>p</u>er
☞ un cham<u>p</u>ion

Et pour en savoir plus...

 Attention ! La règle du *n* remplacé par *m* devant *b*, *m*, *p* ne s'applique pas toujours aux noms propres d'origine étrangère.

Gutenberg	→ l'inventeur de l'imprimerie
Istanbul	→ une grande ville de Turquie
Steinbeck	→ un écrivain américain
Offenbach	→ un compositeur de musique
Canberra	→ la capitale de l'Australie

Entraînement

1 ▶ Complétez avec m ou n.

la co...fiture	le pri...te...ps	le ta...bour	tre...bler
e...mêler	un ti...bre	le ba...quet	la ve...gea...ce
une te...pête	sy...pathique	le fa...tôme	la ve...te
co...parer	si...ple	la la...terne	tre...per
une épo...ge	i...viter	le pa...talon	re...porter
le po...pon	une bri...dille	le la...padaire	e...mener
le sy...bole	co...server	le trio...phe	re...verser

2 ▶ Écrivez le contraire de ces adjectifs en utilisant les préfixes in- ou im-.

propre → impropre

prudent	digne	mangeable	comparable
buvable	pair	précis	sensible
connu	possible	vendable	mobile
cassable	vaincu	prévu	moral
prévoyant	visible	probable	suffisant

3 ▶ Complétez avec m ou n et donnez un mot de la même famille. (Vous pouvez utiliser un dictionnaire.)

un combattant → le combat

une vi...gtaine	→ ...	le co...pteur	→ le ...	le pri...ce	→ la ...
le to...beau	→ la ...	exe...plaire	→ un ...	lo...g	→ la ...
no...breux	→ le ...	e...ja...ber	→ la ...	mo...dial	→ le ...
e...ployer	→ un ...	le plo...bier	→ le ...	do...pter	→ le ...

4 ▶ À l'aide des définitions, trouvez les mots dans lesquels on trouve un m placé devant b, m ou p. (Utilisez un dictionnaire.)

(7 lettres)	Il lutte contre les incendies.	→ un ...
(7 lettres)	Un parapluie pour le soleil !	→ une ...
(8 lettres)	Le onzième mois de l'année.	→ ...
(9 lettres)	Fondamental.	→ i...
(9 lettres)	Entrer dans un nouvel appartement.	→ ...
(10 lettres)	Il joue à la place du titulaire.	→ le ...

RÉPONSES P. 131

29 Le son (k) : c, qu ou k

Le son (k) peut s'écrire de plusieurs manières :
- c (sauf devant les voyelles *e*, *i*, *y*)
- qu (à l'intérieur d'un mot, la lettre *q* est toujours accompagnée d'un *-u*).
- k

Le son (k) peut aussi s'écrire ch ou ck.
En cas de doute, il faut toujours consulter un dictionnaire.

Exemples

- une cabane
- encadrer
- le corrigé
- un crocodile
- la rancune
- reculer
- un classeur
- craquer

- se moquer
- la coquille
- l'équilibre
- quinze
- l'équitation
- une équipe
- la bibliothèque
- cinquante

- un kiwi
- un kangourou
- le ski
- le judoka
- le choléra
- la chorale
- un ticket
- un jockey

Et pour en savoir plus...

La lettre *c* peut être doublée dans certains mots.
une occasion – accompagner – occulter – succomber

Quelques mots avec *qua* ont une prononciation particulière : (Kwa). Sachons les écrire.
un aquarium – l'équateur – l'équation – l'aquarelle – un quadrupède

Entraînement

1 ▶ Complétez avec c, k ou qu. (Utilisez un dictionnaire.)

...urieux   un tan...   une ...iche   un ...aillou
...opier   ...el...efois   une ...uve   un ...imono
une ...enelle   la ban...e   le par...ing   le ...ontrôle
un ...ilomètre   un fa...ir   un ...amarade   un élasti...e

2 ▶ Complétez avec ces mots dans lesquels on entend le son (k).
ketchup – koala – canoë – kayak – cockpit – nickel – bifteck – aqueduc

Aux Jeux olympiques, les épreuves de ... et de ... sont très spectaculaires.
Certains mangent leurs frites et leur ... accompagnés de beaucoup de ... .
Le Pont du Gard est l'... romain le plus célèbre et le mieux conservé.
Le ... ne vit qu'en Australie où il dévore les feuilles d'eucalyptus.
La richesse de la Nouvelle-Calédonie, c'est le ... .
Le pilote s'installe dans le ... ; le décollage est proche.

3 ▶ Complétez avec des noms dans lesquels on entend le son (k). (Utilisez un dictionnaire.)

Comme il fait froid, Farid se réfugie sous sa ...ette pour dormir au chaud.
Les motos se faufilent au milieu du traf... automobile.
Tous les prix sont notés sur les éti... ; les ...lients peuvent ainsi choisir.
Le pronos... était le bon, ce sont les Polonais qui se sont imposés.
Le vrai ...membert est fabriqué en Normandie.

4 ▶ Complétez avec le mot qui convient et accordez si nécessaire. Utilisez un dictionnaire. (Attention, ces mots se prononcent de la même façon, ce sont des homonymes.)

(lac / laque)   Chaque matin, Cindy vaporise de la ... sur ses cheveux.
                  Ce ... est si vaste que l'on peut y naviguer.
(quand / camp)   ... Robin part en vacances, il emmène son chien.
                  Les défenseurs espagnols se replient tous dans leur ... .
(car / quart)   Le prochain train pour Nantes partira dans un ... d'heure.
                  Les ... de tourisme stationnent sur l'aire d'autoroute.
(cœur / chœur)   Le ... de la cathédrale de Saint-Claude est magnifique.
                  M. Bret a bénéficié d'une greffe du ... ; il se porte très bien.

RÉPONSES P. 132

Le son (f) : f, ph ou ff

Le son (f) s'écrit de plusieurs manières.
- Le plus souvent, on l'écrit **f**.
- Quelquefois, on l'écrit **ph**.
- La consonne **f** est parfois **doublée**. Tous les mots commençant par **aff**, **eff**, **off** prennent deux **f**.

Exceptions : afin – l'Afrique – africain

Exemples

- la folie
- facile
- gonfler
- un enfant
- quelquefois
- du café
- fabriquer
- un œuf

- la pharmacie
- l'alphabet
- un dauphin
- la photographie
- un téléphone
- une phrase
- un éléphant
- une sphère

- difficile
- le souffle
- griffer
- le buffet
- affreux
- une affaire
- l'effort
- offrir

Et pour en savoir plus...

En fin de mot, le son (f) peut s'écrire de différentes manières.

f : neuf – le bœuf – vif – un massif – le tarif
fe : la carafe – l'agrafe – la girafe
ffe : la griffe – la coiffe – l'étoffe – la truffe
phe : un paragraphe – le triomphe – l'orthographe

En cas de doute, il faut toujours vérifier dans un dictionnaire.

Entraînement

1 ▶ Complétez avec f ou ph. (Vous pouvez utiliser un dictionnaire.)

une s...ère   pro...iter   sacri...ier   l'in...irmière
le re...let   le par...um   un ...orage   un sa...ir
un nénu...ar   la ...otocopie   pro...ond   in...ini
une mou...le   le re...rain   une gau...re   le ra...ia
le ca...é   l'atmos...ère   se mé...ier   la géogra...ie
dé...endre   un mammi...ère   la ...ysique   un autogra...e

2 ▶ Complétez avec f, ff ou ph. (Vous pouvez utiliser un dictionnaire.)

une ...rase courte   une gi...le amicale   un clou de giro...le
un objet ...ragile   un re...uge animalier   un a...luent du Rhône
un ...are allumé   le be...roi de la ville   l'hémis...ère nord
du ...ard à joues   un gra...iti amusant   un sa...ari africain
le si...on du lavabo   ba...ouiller une réponse   ra...ler la mise

3 ▶ Écrivez ces adjectifs au masculin.

une vie active → un caractère actif

craintive   → un oiseau ...   instructive → un cours ...
brève   → un ... instant   collective   → un entraînement ...
agressive   → un propos ...   naïve   → un peintre ...
portative   → un téléphone ...   nocive   → un produit ...
chétive   → un garçon ...   émotive   → un candidat ...
abusive   → un acte ...   négative   → un résultat ...

4 ▶ Complétez avec des mots dans lesquels le son (f) s'écrit ff. (Vous pouvez utliser un dictionnaire.)

Ce coureur est au bord de l'épuisement, il a le sou... court.
Le cha... collectif de l'immeuble est en panne ; tout le monde grelotte.
Manuel n'a rien bu ; ass..., il est déshydraté.
Cette pièce n'a pas été aérée convenablement : on éto... .
Pour essuyer ces verres en cristal, il faut prendre un ch... propre.
Pour atténuer la sou... du blessé, le médecin lui administre un calmant.
Le nombre 517 s'écrit avec trois ch... .
Le pro... de mathématiques est absent ; les élèves n'ont pas cours.

RÉPONSES P. 133

Les homonymes

▶ Les **homonymes** sont des mots qui ont la même prononciation, mais des orthographes et des sens différents.
▶ Pour bien écrire un homonyme, il faut donc s'aider du **sens** de la phrase ou des mots qui l'entourent.

☞ un **maître** d'école – un **mètre** de long – **mettre** ses chaussures

☞ la **reine** des abeilles – les **rennes** du Père Noël – tenir les **rênes** d'un cheval

☞ le **maire** de la ville – ma chère **mère** – la **mer** Méditerranée

☞ la **voie** ferroviaire – Quelle belle **voix** ! – Avec ces lunettes, je **vois** mieux.

☞ Il était une **fois**, dans la ville de **Foix**, une marchande de **foie** qui disait : « Ma **foi**, c'est la première **fois** et la dernière **fois** que je vends du **foie** dans la ville de **Foix**. »

▶ Certains **noms** sont des homonymes de **verbes conjugués**.
le **vent** du nord (nom) → Il **vend** des chaussures. (verbe **vendre**)
le **vol** d'un oiseau (nom)
→ L'oiseau **vole**. → Il **vole**.
(verbe **voler**)

▶ Pour trouver la bonne orthographe, on peut essayer de placer un article devant les noms, ou un pronom personnel devant les verbes. Mais il faut souvent consulter un dictionnaire qui donne le sens de chaque mot.

Et pour en savoir plus...

 Les **mots de la même famille** (qui ont des sens voisins) permettent quelquefois de trouver l'orthographe correcte.

avoir **faim** → souffrir de la **famine** (on entend le *a* dans **famine**).
attendre la **fin** → cela va bientôt **finir** (on entend le *i* dans **finir**).

Entraînement

1 ▶ Placez un article (le ou la) devant les noms et un pronom personnel (il ou elle) devant les verbes conjugués.

... doit deux cents euros à un ami.
Vous marchez dans ... boue.
... peint le mur de la chambre.
... tente de vous apitoyer.
Le coureur escalade ... col d'Allos.

Hier, Samir s'est pincé ... doigt.
Théo voit enfin ... bout du chemin.
Mina adore ... pain de campagne.
... tante de Clara travaille beaucoup.
... colle un timbre sur l'enveloppe.

2 ▶ Complétez chaque phrase avec un homonyme du mot entre parenthèses. (Vous pouvez utiliser un dictionnaire.)

(le loup)   Pendant les vacances, M. Claudel ... un chalet à La Clusaz.
(le conte)   Le trésorier de l'association tient les ... de la coopérative.
(cher)   Le canard est farci avec de la ... à saucisse.
(le porc)   Deux forts protégeaient l'entrée du vieux ... de Marseille.

3 ▶ Complétez chaque phrase avec le mot qui convient.

(sans / sang / cent / sent)
Tout le monde sait que l'eau bout à ... degrés.
Le centre de transfusion organise une collecte de ... .
On ne doit pas conduire ... avoir bouclé sa ceinture de sécurité.
Près du feu de la cheminée, M. Tardy se ... bien ; il se réchauffe.

(ver / vert / vers / verre)
Pourquoi un tapis de casino est-il toujours ... ?
Pour pêcher le gardon, M. Bénier choisit le ... de terre plutôt que l'asticot.
Nestor, le petit chat, tourne sa tête ... vous et attend une caresse.
M. Fayolle préfère boire son eau dans un ... à pied.

4 ▶ Écrivez le verbe homonyme du mot en gras et donnez son infinitif.

la **suie** de la cheminée	→ Yvon *suit* son idée.	→ suivre
un **crin** de cheval	→ Diana ... le froid.	→ ...
un **balai**-brosse	→ Le vent ... les dernières feuilles.	→ ...
le **prix** des disques	→ Je vous en ..., venez.	→ ...
la **cour** de récréation	→ Il ... comme un lapin.	→ ...
un **temps** épouvantable	→ Elle me ... son verre.	→ ...
le **pouce** de la main	→ M. Albert ... sa voiture.	→ ...

RÉPONSES P. 133

32 Ne pas confondre
ce et se ; c' et s'

Avant de choisir si l'on écrit **se** ou **ce** (ou **s'** ou **c'**), il faut essayer de remplacer le mot par **me** (ou **m'**) en conjuguant le verbe à la 1ʳᵉ personne du singulier.
▶ Si c'est possible, on écrit **se** (ou **s'**).
▶ Si ce n'est pas possible, on écrit **ce** (ou **c'**).

Exemples

Léo (??) prépare à partir.
On peut dire : Je **me** prépare à partir.
Donc on écrit :
Léo **se** prépare à partir.

(??) ' est trop tard !
On ne peut pas dire :
Je **me suis** trop tard !
Donc on écrit : **C'**est trop tard !

▶ **se** (ou **s'**) est un pronom personnel qui fait partie d'un verbe pronominal.
Lorsqu'on conjugue le verbe à une autre personne, **se** devient **me**, **te**, **nous**, **vous**. **Se** est toujours placé avant le verbe.

▶ **ce** (ou **c'**) est soit :
– un déterminant placé devant un nom ou un adjectif : on peut remplacer **ce** par **le** (ou **un**) ;
ce bateau – **le** bateau
ce petit bateau – **un** petit bateau
– un pronom démonstratif, souvent placé devant le verbe **être**.
C'est un bateau.
Ce sont des bateaux.

Et pour en savoir plus...

Devant **qui**, **que**, **dont**, on écrit toujours **ce**.
Ce qui lui plaît, **ce** sont les feuilletons.
Vous racontez **ce que** vous avez vu.
Ce dont nous avons le plus besoin, c'est de nous reposer !

Entraînement

1 ▶ Écrivez ce devant les noms masculins et se ou s' devant les verbes à l'infinitif.

... panier   ... rasoir   ... plaindre   ... danger
... méfier   ... revoir   ... étendre   ... verger
... rosier   ... dortoir   ... défendre   ... ranger
... papier   ... émouvoir   ... méandre   ... dégager
... plier   ... voir   ... rendre   ... clocher
... quartier   ... trottoir   ... gendre   ... loger

2 ▶ Complétez les phrases avec ce, c', se ou s'. (N'oubliez pas d'essayer de remplacer se par me, ou s' par m'.)

... prix ... lit très mal ; est-... intentionnel ?
Attention, ... boulevard ... traverse en empruntant la passerelle.
Avec ... brouillard, il n'est pas question de ...'aventurer hors des pistes.
... champion ...'entraîne régulièrement ; il ... prépare pour la compétition.
Avec ... modèle d'ordinateur, Joris pourra ... connecter au réseau Internet.
Pour les gourmands, ... dessert au chocolat ... mange sans faim !
... couloir ...'enfonce dans les profondeurs du château ; ... serait folie que d'aller plus avant.
... jeune commerçant ...'installe dans la galerie marchande ; il ... lance dans la vente de vêtements.
Au premier examen, ... détail lui avait échappé ; l'expert ...'en veut de ne pas l'avoir remarqué.

3 ▶ Copiez les phrases en écrivant les noms en gras au singulier. N'oubliez pas les accords.

Ces **diamants** brillent dès que des **rayons** de soleil se posent sur eux.
Avec ces **réservoirs**, ces **bassins** se rempliront en quelques heures.
Ces **marins** s'aventurent sur une mer déchaînée ; ils ont du courage.
Ces **murs** sont trop fragiles ; ils s'écrouleront au premier coup de masse.
Ces **billets** de cent euros s'échangent à la banque contre des dollars.
À l'approche du mois de mai, ces **balcons** se couvrent de fleurs.
Ces **tracteurs** se sont enlisés dans ces **chemins** boueux.
Ces **boulangers** se sont forgé une excellente réputation ; leur pain, cuit au feu de bois, est croustillant à souhait.

RÉPONSES P. 134

33 — Ne pas confondre

ces et ses ; c'est et s'est

▶ **Ces** est un déterminant démonstratif qui sert à **présenter** plusieurs personnes ou plusieurs choses.

▶ **Ses** est un déterminant possessif qui indique que les objets (ou les personnes), désignés par **ses**, **appartiennent** à quelqu'un ou à quelque chose.
C'est **le sens de la phrase** qui permet de distinguer *ses* de *ces*.

▶ **Attention !** Il ne faut pas confondre les déterminants **ces** ou **ses** avec **c'est** ou **s'est**. On écrit *c'est* chaque fois qu'on peut le remplacer par *c'était*, et *s'est* quand on peut le remplacer par *s'était*.

Exemples

☞ Olivier fait (??) devoirs. On **ne peut pas** dire :
Olivier fait **c'était** devoirs. ni : Olivier fait **s'était** devoirs.
Donc (??) est un **déterminant**. Lequel : *ces* ou *ses* ?
Le sens de la phrase montre que : Olivier fait **ses propres** devoirs.
Donc il s'agit du déterminant **possessif ses**.

☞ (??) asperges sont appétissantes ! On **ne dit pas** :
C'était (ou **s'était**) asperges sont appétissantes !
et le sens de la phrase nous montre qu'il s'agit du déterminant **démonstratif ces**.
Ces asperges sont appétissantes !

☞ (??) un stylo vide.   L'étoile (??) éteinte.
On peut écrire : **C'était** un stylo vide.   et   L'étoile **s'était** éteinte.
Donc on écrit : **C'est** un stylo vide.   et   L'étoile **s'est** éteinte.

Et pour en savoir plus...

Pour reconnaître **ces**, on peut essayer de le remplacer au singulier par **ce, cet** ou **cette**. Pour reconnaître **ses**, on peut le remplacer au singulier par **son** ou **sa**.

Entraînement

1 ▶ Écrivez le nom en gras au pluriel et accordez.

sa première **chemise**
sa **douleur** à la cuisse droite
ce **fil** électrique
cet admirable **tableau**
cette **descente** dangereuse
son véritable **prénom**

son **répertoire** téléphonique
son brusque **coup** de volant
cette **ruelle** sombre
ce **bijou** en or massif
cet **oreiller** en plumes
son **logiciel** de calcul

2 ▶ Complétez avec ses ou ces. (Examinez bien le sens de chaque phrase.)

Au moindre bruit, le lièvre dresse ... oreilles et prend la fuite.
Dès que ... enfants eurent atteint l'âge de leur majorité, M. Fantin leur a donné une partie de ... collections de papillons.
... carrefours sont très dangereux, il faudrait installer des feux tricolores.
... locaux devront être démolis, car ils ont été insonorisés avec de l'amiante.
Avec tous ... bruits autour du présentateur, je ne comprends pas ... paroles.
... louanges me flattent, mais je crois bien qu'elles ne sont pas méritées.
Avec ... mâchoires aux dents acérées, le caïman est un animal redoutable.
La fabrique de meubles doit fermer bientôt ; ... employés sont inquiets.

3 ▶ Complétez avec ces ou c'est. (N'oubliez pas d'essayer de remplacer ces par ce, cet ou cette, et c'est par c'était.)

... la période des soldes ; ... magasins de vêtements sont pris d'assaut.
L'arbitre refuse un but aux Bordelais ; ... une erreur pensent les spectateurs.
... voitures sont équipées de détecteurs d'obstacles ; ... un nouveau dispositif.
... cités ont été bâties trop rapidement et elles sont mal entretenues.
Je suis certain que de tous ... héros, ... Harry Potter que vous préférez.
... dans ... locaux que M. Vincent a débuté sa carrière d'architecte.

4 ▶ Complétez avec ses ou s'est. (N'oubliez pas d'essayer de remplacer ses par son ou sa, et s'est par s'était.)

M. Cardo ... trompé dans ... comptes, il devra recommencer depuis le début.
Agnès ... retrouvée seule au milieu du bois, ... amies ne l'ont pas suivie.
M. Louis ... découvert une nouvelle occupation : écrire ... mémoires !
Linda est perdue dans ... pensées ; elle en oublie de fermer la porte à clé.
Avant d'inviter à dîner ... collègues, Harold ... renseigné sur leurs goûts.

RÉPONSES P. 135

Ne pas confondre **leur** et **leur(s)**

▶ **Leur** ne prend jamais de **-s** quand on peut le remplacer par *lui*.

▶ Quand on ne peut pas remplacer **leur** par *lui*, **leur** s'accorde en nombre (singulier ou pluriel) avec le nom qui le suit.

☞ Je **(??)** montre le chemin.
On peut écrire : Je **lui** montre le chemin. Donc on écrit : Je **leur** montre le chemin.

☞ Les ouvriers rangent **(??)** outils.
On **ne peut pas** écrire : Les ouvriers rangent **lui** outils.
Donc **leur** doit s'accorder avec **le nombre** du nom *outils*. Le nom *outils* étant **au pluriel**, **leur** prend un **-s**. On écrit :
Les ouvriers rangent **leurs** outils.

Quand **leur** est précédé de l'article *le, la* ou *les*, il s'accorde avec celui-ci.

Mon appartement est petit ; <u>le</u> **leur** est très grand.
Mon adresse est facile à retenir ; <u>la</u> **leur** est compliquée.
Mes vacances sont très courtes ; <u>les</u> **leurs** sont plus longues.

Et pour en savoir plus...

 Quand on ne peut pas remplacer **leur** par **lui**, il faut faire très attention pour trouver **le nombre** du nom (singulier ou pluriel) avec lequel il s'accorde.

Les joueurs portent un écusson sur **leur** maillot.
Ils n'ont chacun qu'un seul maillot. On écrit *leur* et *maillot* au singulier.
Les joueurs lacent **leurs** chaussures.
Ils ont chacun deux chaussures. On écrit *leurs* et *chaussures* au pluriel.

Entraînement

1 ▶ Complétez avec leur ou leurs.

... plus belles années
... émissions préférées
... grands-parents paternels
... journal quotidien

... résidence de vacances
... généreux donateur
... vêtements d'hiver
... larmes de crocodile

2 ▶ Complétez avec leur ou leurs. (N'oubliez pas d'essayer de remplacer par lui.)

Quand les arbres sont frêles, on ... met des tuteurs en attendant que ... tronc et ... racines se développent.

Certaines personnes changeraient volontiers ... lunettes contre des lentilles, mais ... prix élevé les fait hésiter !

Les producteurs de tomates sont inquiets pour ... récolte car le temps ne ... a pas été très favorable.

Les élèves du cours préparatoire ont envie d'apprendre à lire ; la maîtresse ... distribue des albums pour qu'ils puissent découvrir ... premiers mots.

3 ▶ Copiez les phrases en écrivant les noms en gras au pluriel et accordez.

À la fin de l'entracte, le **spectateur** regagne sa place.
Le **pêcheur** prépare ses lignes et il range ses hameçons dans une boîte.
L'**enfant** fait la grimace car sa mère lui verse une pleine assiette de soupe.
Le **banquier** n'a plus d'argent, son moral est très bas, comme ses comptes !
Au décollage, l'**hôtesse** de l'air demande au **passager** d'attacher sa ceinture et lui rappelle qu'il est interdit de fumer.

4 ▶ Complétez avec leur ou leurs. (N'oubliez pas d'essayer de remplacer par lui.)

Pour ... permettre de se déplacer en apesanteur, de nombreuses poignées sont à la disposition des cosmonautes à l'intérieur de ... navette spatiale.

Quand ils iront au collège, ces élèves regretteront peut-être ... petite école, mais le principal ... expliquera le fonctionnement de ce nouveau lieu ; c'est peut-être le poids de ... cartable qui les surprendra le plus.

Les musiciens sont restés deux heures en scène, ils n'ont pas déçu ... admirateurs qui, en échange, ne ... ont pas ménagé ... applaudissements.

RÉPONSES P. 136

35 Ne pas confondre
ou et où

- On écrit **ou** sans accent quand on peut le remplacer par *ou bien*.
- On écrit **où** avec un accent grave dans tous les autres cas.

☞ Voulez-vous de l'eau (??) de la limonade ?
On peut écrire : Voulez-vous de l'eau **ou bien** de la limonade ?
Donc on écrit : Voulez-vous de l'eau **ou** de la limonade ?

☞ Mais (??) est-il parti ?
On **ne peut pas** écrire : Mais **ou bien** est-il parti ?
Donc on écrit : Mais **où** est-il parti ?

▶ **Ou** sert à relier des mots ou des groupes de mots.
Envoyez-lui un courriel **ou** un fax.
M. Bourdon s'arrêtera pour déjeuner **ou** il continuera, cela dépendra de son état de fatigue.

▶ **Où** indique souvent le lieu, et quelquefois le temps.
L'Australie est le seul pays **où** vivent les kangourous. (lieu)
L'été **où** il a fait si chaud, nous étions en Espagne. (temps)

Et pour en savoir plus...

☼ **Où** prend toujours un accent lorsqu'il est précédé de la préposition *d'*.
Nous ne savons pas **d'où** vient ce bruit.
Je ne t'attendais pas, **d'où** mon étonnement.

⚠ Il faut se méfier de quelques **homonymes**.
une branche de **houx** – une **houe** (pioche à manche large)
le mois d'**août** – cuire à feu **doux**

Entraînement

1 ▶ **Complétez avec ou / où. (N'oubliez pas d'essayer de remplacer par ou bien.)**

Dans l'état ... se trouve cette commode, elle est irréparable.
Cette proposition est séduisante, elle est à prendre ... à laisser.
Pour aller de Paris à Marseille, on peut prendre le TGV ... l'avion.
Au cas ... vous renonceriez à cette sortie, n'oubliez pas d'avertir le guide.
La Rochelle, ... s'étaient réfugiés les Protestants, fut assiégée par Richelieu.
M. Grebot est avocat ... conseiller fiscal, je ne connais pas bien son activité.

2 ▶ **Complétez avec ou / où. (N'oubliez pas d'essayer de remplacer par ou bien.)**

... allez-vous passer vos vacances ? En Bretagne ... en Alsace ?
Le jour ... la nuit, les pompiers interviennent là ... on a besoin d'eux.
L'attitude de Firmin est déroutante, personne ne sait ... il veut en venir.
Quelles sont vos préférences musicales ? Le rap ... la techno ?
Claudia a repris sa lecture là ... elle l'avait abandonnée.
Marcher ... courir, le concurrent ne sait plus quelle allure adopter.

3 ▶ **Complétez ces questions avec ou / où. Essayez ensuite de répondre.**

... le roi Louis XIV habitait-il le plus souvent ?   → ...
... poussent les cocotiers ? Sous les tropiques ... en Alaska ?   → ...
D'... vient le cacao ? De Norvège ... de Côte-d'Ivoire ?   → ...
Qui a peint Guernica ? Pablo Picasso ... Vincent Van Gogh ?   → ...
... l'empereur Napoléon Ier est-il mort ?   → ...
Quelle est la langue la plus parlée ? L'anglais ... le chinois ?   → ...
... les armées alliées ont-elles débarqué le 6 juin 1944 ?   → ...

4 ▶ **Complétez avec ou / où. (N'oubliez pas d'essayer de remplacer par ou bien.)**

Par ... les décorateurs vont-ils commencer ? Par la chambre ... par le salon ?
L'hôtel, ... la famille de Paul est descendue, possède une belle piscine.
Manon ... Betty ? Tout le monde confond ces deux sœurs jumelles.
Essence ... diesel ? Quelle est la nature du carburant de votre voiture ?
D'... le journaliste tient-il ces informations ? Elles ont l'air sérieuses.
M. Coulet ne dévoilera jamais les lieux ... il pêche ces énormes truites.

Ne pas confondre

tout et *tous*, *toute* et *toutes*

▶ **tout** est invariable lorsqu'on peut le remplacer par *tout à fait* ou *totalement*. Il est souvent placé devant un adjectif.

▶ **tout** s'accorde en genre *(masculin, féminin)* et en nombre *(singulier, pluriel)* avec le nom lorsqu'il est placé devant un article suivi d'un nom.

☞ Ce pantalon est **totalement** usé. → Ce pantalon est **tout** usé.
Les serviettes sont **totalement** usées. → Les serviettes sont **tout** usées.

☞ **Tout** le décor doit être mis en place. (nom masculin singulier)
Toute la décoration doit être mise en place. (nom féminin singulier)
Tous les décors doivent être mis en place. (nom masculin pluriel)
Toutes les décorations doivent être mises en place. (nom féminin pluriel)

▶ **Attention !** Devant une voyelle ou un *h* muet, on fait la liaison et *tout* se prononce alors (toute).

Tout (t)ébloui, le chauffeur freine au dernier moment.

▶ Dans certains cas, le **s** final de *tous* se prononce ; le risque de confusion n'est plus possible.

Les concurrents sont **tous** là.

Et pour en savoir plus...

Tout s'accorde lorsqu'il est placé **devant un adjectif féminin débutant par une consonne**, même s'il peut être remplacé par *tout à fait*.

Elle est **toute** pâle. (adjectif fém. singulier) → Elle est **tout à fait** pâle.
Elles sont **toutes** pâles. (adjectif fém. pluriel) → Elles sont **tout à fait** pâles.

Mais on écrit :

Ils sont **tout** pâles. (adjectif masc. pluriel) → Ils sont **tout à fait** pâles.

Entraînement

1 ▶ Complétez avec tout, tous, toute ou toutes. (N'oubliez pas d'essayer de remplacer par tout à fait.)

aimer ... les fromages
parler en ... franchise
jouer un numéro à ... hasard
chanter ... ensemble
avaler des bonbons ... rond
perdre ... ses moyens

changer ... les piles
effectuer un saut de ... beauté
oublier ... ses rendez-vous
reculer à ... vitesse
corriger ... les erreurs
copier ... le devoir

2 ▶ Transformez ces expressions selon le modèle.

chaque disque → tous les disques

chaque jour
chaque fenêtre
chaque idée
chaque journal

chaque détail
chaque panneau
chaque pneu
chaque bijou

chaque disquette
chaque film
chaque étage
chaque incident

3 ▶ Complétez avec tout, tous, toute ou toutes. (N'oubliez pas d'essayer de remplacer par tout à fait.)

Les concurrents, ... bien entraînés, prennent le départ du triathlon de Nice.
À la brocante, M. Pulmino a déniché des assiettes ... ébréchées.
Maman aime son enfant de ... son cœur.
La salle est déjà pleine, nous ne pourrons malheureusement pas ... entrer.
... les habitants de Strasbourg sont fiers de leur cathédrale.
Il n'y a pas de compromis possible, c'est ... l'un ou ... l'autre.
Ce vaporisateur détruit ... les odeurs désagréables.
Elle fait partie de ... ceux qui aiment les films comiques.

4 ▶ Copiez les phrases en écrivant les noms en gras au pluriel. Faites les accords nécessaires.

Tout étonné, le **retardataire** constate qu'il reste encore des places.
Le **nageur** sort de l'eau tout tremblant ; il est frigorifié.
Tout maigre et tout fragile, cet **agneau** ne survivra pas longtemps.
Tout auréolé de sa victoire en coupe du monde, le **joueur** exhibe sa médaille.
La **promenade** n'est pas de tout repos, il faudra franchir le col d'Aussois.

RÉPONSES P. 138

37 Le verbe se termine-t-il par é ou par er ?

Lorsqu'on entend le son (é) à la fin d'un verbe du 1er groupe, la terminaison de ce verbe peut s'écrire de deux façons.
▶ On écrit **é**, si on peut remplacer le verbe par **fait**.
▶ On écrit **er**, si on peut remplacer le verbe par **faire**.

☞ Charlène a trouv**é** un numéro.
→ Charlène a **fait** un numéro.

☞ Charlène pense trouv**er** un numéro.
→ Charlène pense **faire** un numéro.

Attention ! Le verbe terminé par -é peut s'accorder :
– quand il est employé comme **adjectif** ;
un objet trouvé → des objets trouvé**s**
une solution trouvé**e** → des solutions trouvé**es**
– ou quand il est employé avec l'auxiliaire **être** :
Il est tombé. → Ils sont tombé**s**.
Elle est tombé**e**. → Elles sont tombé**es**.

Et pour en savoir plus...

 Après **a** (sans accent), le verbe se termine par **é**. C'est le **participe passé**.
Il a calcul**é** le total. – Elle a nag**é** plus vite que d'habitude.

 Après **à** (avec accent), le verbe se termine par **er**. C'est l'**infinitif**.
une machine à calcul**er** – s'entraîner à nag**er**

 Il faut savoir que le verbe **aller** se termine par **-er** à l'infinitif, ou **-é** au participe passé, bien qu'il appartienne au 3e groupe.

Entraînement

1 ▸ Soulignez les participes passés et entourez les infinitifs (en *-er*).
Il ne faut pas toucher les fils électriques tombés à terre.
Puisque ces lettres sont timbrées, il faut les glisser dans la boîte aux lettres.
Pour calmer ta toux, le médecin te demande d'avaler un peu de sirop.
Les pizzas commandées par téléphone seront livrées dans quinze minutes.
Quand on vous photographie, il ne faut pas bouger.
Mathilde a passé son permis de conduire ; c'est un succès mérité.

2 ▸ Complétez avec l'infinitif ou le participe passé des verbes entre parenthèses.

(*piloter / posséder*) Pour ... un hélicoptère, il faut ... un brevet spécial.
(*improviser*) Benjamin n'a pas son pareil pour ... une histoire drôle.
(*visiter*) Au cours de sa vie, Mme Le Goff a ... bien des pays.
(*confirmer / envoyer*) Pour ... votre réservation, vous devrez ... un fax.
(*tamponner*) La secrétaire a ... l'imprimé de Noémie.
(*féliciter / acharner*) L'entraîneur va ... les sportifs pour leur travail ... .

3 ▸ Remplacez fait ou faire par un verbe de cette liste que vous écrirez à l'infinitif ou au participe passé.

effectuer – rédiger – fabriquer – provoquer – peser – nager – tracer

L'ébéniste a **fait** une petite table pour l'angle de la salle à manger.
L'architecte a **fait** un plan original pour la nouvelle salle des fêtes.
Jean-Mathieu a **fait** deux kilomètres pour rejoindre l'île d'Aix.
Pour **faire** ce rapport, Hassan utilise un traitement de texte.
L'orage a **fait** des dégâts considérables dans toute la région.
Pour **faire** sa triple boucle, le patineur a pris beaucoup d'élan.
Ce piano doit bien **faire** deux cents kilos.

4 ▸ Complétez avec -é ou -er (Attention aux accords des participes passés.)
Avant de plong..., il faut inspire... longuement pour s'oxygén... .
Le stade est noy... sous la brume ; le match est report... .
Seules les personnes autoris... pourront pénétr... dans ces locaux.
Beaucoup de mineurs ont laiss... leur santé au fond des puits.
Une faute avou... est à demi pardonn... .

RÉPONSES P. 138

Le participe passé employé avec avoir

▶ Le **participe passé** employé avec l'auxiliaire *avoir* ne s'accorde jamais avec **le sujet** (ou le groupe sujet) du verbe.
▶ Il ne s'accorde avec **le complément d'objet direct** (COD) **du verbe** que si celui-ci est placé **avant le participe passé**.
Pour trouver le complément d'objet direct, on pose la question *Quoi ?* ou *Qui ?*

☞ **Pas d'accord** avec le sujet du verbe :
Cet homme **a** travaillé longtemps.
→ Cette femme **a** travaillé longtemps.
→ Ces hommes **ont** travaillé longtemps.
→ Ces femmes **ont** travaillé longtemps.

☞ **Accord** avec le COD du verbe **si** celui-ci est placé **avant le participe passé** :
Ces journaux, je ne les ai jamais **lu(??)**.
Je n'ai jamais lu **quoi** ? *les*, qui remplace *ces journaux* (masculin pluriel).
On écrit donc : Ces journaux, je ne les ai jamais **lus**. (masculin pluriel)

▶ **S'il n'y a pas** de complément d'objet direct **(COD)**, il n'y a bien sûr **pas d'accord**.
Gaëlle a réfléchi un instant.
Les vacances ont bien commencé.
Nous avons dormi quelques heures.

Et pour en savoir plus...

Précédé de **en**, le participe passé est invariable.
Des cartes de vœux, j'**en** ai **reçu** beaucoup.
Des pays d'Afrique, combien **en** avez-vous **visité** ?

Entraînement

1 ▶ **Complétez avec les verbes entre parenthèses conjugués au passé composé.**

(*choisir*) Comme entrée, Anselme ... une salade niçoise.
(*établir*) Ce coureur ... un nouveau record du monde.
(*mécontenter*) La sonorisation était mal réglée, les musiciens ... le public.
(*voir*) Les astronautes ... des comètes frôler la Terre.
(*réunir*) Les fiançailles de mon cousin ... toute la famille.
(*jalonner*) De nombreux événements ... l'histoire de la Bretagne.

2 ▶ **Complétez avec les verbes entre parenthèses conjugués au passé composé. Entourez les COD.**

(*cueillir*) Ce matin, nous ... des myrtilles.
(*galoper*) Les chevaux ... jusqu'à la barrière.
(*clarifier*) Vous ... enfin ... la situation.
(*soigner*) Les malades que ce médecin ... se portent bien.
(*acheter*) La veste que tu ... provient d'Italie.
(*plier*) Ces serviettes, je les ... avec soin.

3 ▶ **Écrivez les noms en gras au pluriel et accordez comme il convient.**

Je vous recommande le **film** que j'ai vu la semaine dernière.
Ce **numéro** de téléphone, vous ne l'avez pas retenu.
Le **témoignage** que le commissaire a recueilli semble important.
Pris de pitié, le **chasseur** a laissé le **faisan** s'envoler.
Ce **lac** a été pollué par erreur.
Le **campeur** a planté sa tente à la lisière de la forêt.
L'**os** que l'archéologue a découvert appartient à un squelette d'ours.

4 ▶ **Observez l'exemple et répondez aux questions. Entourez les COD.**

Avez-vous avalé les noyaux ? → Non, je ne (les) ai pas avalés.

As-tu nettoyé le réfrigérateur ? → Oui, ...
Avez-vous retrouvé vos clés ? → Oui, ...
Le plombier a-t-il soudé les tuyaux ? → Non, ...
As-tu froncé les sourcils ? → Oui, ...
Pauline a-t-elle fait les commissions ? → Non, ...
L'ordinateur a-t-il modifié notre façon d'écrire ? → Oui, ...

RÉPONSES P. 139

39 Participe présent ou adjectif verbal ?

> ▶ Pour savoir si un mot terminé par **ant** s'accorde ou non, on remplace le nom masculin qui accompagne le mot en **-ant** par un **nom féminin** et on énonce la phrase en entier. On entend alors la différence.
>
> ▶ Le **participe présent** est invariable. C'est une forme du verbe ; sa terminaison est **-ant** pour tous les verbes.
>
> ▶ L'**adjectif verbal** s'accorde avec le nom qu'il accompagne.

☞ Ces contes, **amusant** les enfants, sont très anciens.
→ Ces histoires, **amusant** les enfants, sont très anciennes.
→ *amusant* est invariable, c'est un participe présent.

☞ Grand-père connaît des contes **amusants**.
→ Grand-père connaît des histoires **amusantes**.
→ *amusant* s'accorde, c'est un adjectif verbal.

▶ Le participe présent est parfois précédé de **en**, mais il reste toujours invariable.

Ils sont arrivés <u>en</u> **tremblant** de froid.
Les automobilistes ne doivent pas téléphoner
<u>en</u> **conduisant**.

Et pour en savoir plus...

Certains **participes présents** et **adjectifs verbaux** n'ont pas la même forme. Retenez-en quelques-uns :

en **communiquant** les informations   mais → des vases **communicants**
en **provoquant** ses adversaires   mais → des vêtements **provocants**
en **négligeant** les décimales   mais → des employés **négligents**
en **précédant** les coureurs   mais → les coureurs **précédents**

Entraînement

1 ▸ Complétez selon le modèle.

rassurer	→ des propos *rassurants*	→ des paroles *rassurantes*
fondre	→ des chocolats ...	→ des crèmes ...
voir	→ des vêtements ...	→ des coiffures ...
plaire	→ une remarque ...	→ un humour ...
grincer	→ une poulie ...	→ des engrenages ...
suffir	→ des résultats ...	→ une personne ...

2 ▸ Transformez selon le modèle.
Ces livres m'intéressent. → Ces livres *sont intéressants*.

Les phares aveuglent.   Ces motos impressionnent.
Les bruits assourdissent.   L'étape nous éprouve.
Cette laine de roche isole.   Ces enfants obéissent.
Ces plantes grimpent.   L'eau bout.

3 ▸ Remplacez les noms en gras par ceux entre parenthèses. Accordez.

(des propos)   **Des nouvelles** alarmantes circulent : le feu progresserait.
(la forteresse) **Le château**, dominant la plaine, paraissait imprenable.
(l'audace)   **L'aspect** étonnant de cette construction intrigue les Lillois.
(Mme Clet)   En s'agenouillant, **M. Clet** peut passer le bras sous le lit.
(la caissière) Demeurant rue des Pins, **le caissier** va travailler à pied.
(une peinture) Simon étale **un vernis** très résistant sur les volets.

4 ▸ Copiez les phrases en remplaçant les mots en gras par un participe présent ou un adjectif verbal en -ant. Accordez.

J'admire les bouchers **qui désossent** les quartiers de bœuf.
Nous apercevons, au loin, des fusées **qui illuminent** le ciel.
M. Carrouge connaît une région **qui mérite** un détour.
Vous remonterez la vitre **quand vous sortirez**.
Le motard se méfie des routes **qui glissent**.
Voilà vraiment une caricature **qui étonne**.
Les guides, **qui prévoient** tout, vérifient l'état du matériel avant le départ.
À Perpignan, j'ai rencontré un homme **qui parle** le catalan.
Mme Avon nous offre des biscuits **qui craquent** sous la dent.

RÉPONSES P. 140

Ne pas confondre

quel, qu'elle... ; quelque, quel que...

Quel et *qu'elle* marquent l'interrogation ou l'exclamation. Il faut savoir les reconnaître pour bien les orthographier.

▶ **Quel est un adjectif qui s'accorde** toujours avec le nom qui l'accompagne.

▶ **On écrit** qu'elle(s) lorsqu'on peut le remplacer par *qu'il(s)* au masculin.

☞ (??) temps ! – (??) pluie ! – (??) flocons ! – (??) averses !
On **ne dit pas** :
Qu'il temps ! – Qu'il orage ! – Qu'ils flocons ! – Qu'ils orages !
Donc on accorde *quel* avec le nom qui l'accompagne :
Quel temps ! – **Quelle** pluie ! – **Quels** flocons ! – **Quelles** averses !

☞ (??) est belle cette jument !
On peut dire : **Qu'il** est beau ce cheval !
Donc on écrit : **Qu'elle** est belle cette jument !

▶ **Quelque(s)** est, le plus souvent, un adjectif qui s'accorde avec le nom qu'il précède. Il signifie « un certain nombre de ».

quelque chose
quelques instants
quelques minutes

▶ Dans l'expression **quel que soit...**, *quel que* s'écrit en deux mots. *Quel* s'accorde alors avec le sujet qui se trouve après le verbe.

Quel que soit le propos, tu as tort.
Quelle que soit la raison, tu as tort.
Quelles que soient les raisons, tu as tort.

Et pour en savoir plus...

Retenez l'orthographe de ces **expressions**.

quelque peu – quelque part – quelque temps – quelque chose – en quelque sorte – quelquefois – quelques-uns – quelques-unes – quelque peine

Entraînement

1 ▶ Complétez avec quel, quels, quelle ou quelles.

... belle cravate !
Pour ... candidat allez-vous voter ?
... sont les réponses exactes ?
... chaleur étouffante !
Sur ... cheval pariez-vous ?
... chansons écoutez-vous ?
... âge avez-vous ?
... surprise de vous voir ici !
Dans ... région irez-vous ?
... curieux monuments !
... question facile !
... carrefour dangereux !
Avec ... clé allez-vous ouvrir ?
... dessert préférez-vous ?
Vers ... ville vous dirigez-vous ?
... belles vacances !

2 ▶ Complétez avec quelque ou quelques.

... étages à monter
... feuilles de salade
camper dans ... endroit
... bougies éteintes
... coups de bâton
... moments pour rêver
... pincées de sel
... tranches de pain
écrire ... lettres
... gibier apeuré
... places libres
... vieux film
... wagon vide
avoir ... espoir
... fleurs fanées

3 ▶ Complétez avec quel(s), quelle(s) ou qu'elle(s). (N'oubliez pas d'essayer de remplacer par qu'il(s).)

Je vous offre ces fleurs, j'espère ... vous feront plaisir.
... sont vos lectures préférées ? ... place occupent-elles dans vos loisirs ?
Avec ... persévérance et ... courage ce chercheur poursuit-il ses travaux !
Mme Dumont essaie la robe ... vient de choisir.
... joie de se retrouver après des semaines de séparation.
La récolte de pommes est tardive, mais on suppose ... sera abondante.
Dans ... pays se trouve la Grande Muraille ?

▶ Copiez les phrases en écrivant les noms en gras au pluriel. Accordez.

La **rivière** est polluée : quelle **solution** proposent les techniciens ?
De quel **instrument** ce **virtuose** va-t-il jouer ?
Quelle que soit ton **opinion**, nous la respecterons.
N'empruntez pas cette **sortie**, je crois qu'elle est condamnée.
Comme le **chemin** est défoncé, le maire exige qu'il soit remis en état.
Quel que soit l'**obstacle**, le **cheval** le franchira aisément.
Mme Chavez nettoie la **vitre** pour qu'elle laisse passer la lumière.

RÉPONSES P. 141

41 — Ne pas confondre

sa et ça

> ▶ On écrit **sa** quand on peut le remplacer par **son** suivi d'un nom masculin.
>
> ▶ On écrit **ça** quand on peut le remplacer par **ceci** ou **cela**.

Exemples

Il a perdu **sa** clé.
☞ Il a perdu **son** trousseau de clés.

Venez demain, **ça** me fera plaisir.
☞ Venez demain, **cela** me fera plaisir.

Pierre a pris un calmant. **Sa** douleur disparaît et **ça** va mieux.
☞ Pierre a pris un calmant. **Son** mal disparaît et **cela** va mieux.

Le vainqueur montre **sa** joie ; **ça** fait des mois qu'il s'entraîne.
☞ Le vainqueur montre **son** bonheur ; **cela** fait des mois qu'il s'entraîne.

▶ **Sa**, déterminant possessif, est placé devant **un nom** ou **un adjectif**.
Il a amélioré **sa** performance.
Il a amélioré **sa** meilleure performance.

▶ **Ça** peut être placé devant **un verbe**.
Tout ce bruit, **ça** dérange les voisins.
Émeline dévore son sandwich ; **ça** calmera sa faim.

---

*E*t pour en savoir plus…

 Dans la locution **çà et là**, qui introduit une notion de lieu, **çà** prend un accent grave.

On trouve, **çà et là**, quelques brins de muguet.

Entraînement

1 ▶ Complétez les phrases selon le modèle.

Je répète *ma* question.   Je prends *ma* fourchette.
Tu répètes ... question.   Tu prends ... fourchette.
Le présentateur ... .   Lionel prend ... .
Nous répétons ... .   Nous prenons ... .
Vous répétez ... .   Vous prenez ... .
Les enquêteurs ... .   Les invités prennent ... .

2 ▶ Copiez les phrases en complétant avec sa ou ça.

Courir pendant deux heures sans s'arrêter, ... n'est pas de tout repos !
Ce pêcheur aurait sorti un poisson de deux mètres de long, rien que ... !
J'avais oublié le numéro de ton immeuble, mais ... me revient, c'est le 45.
Cédric a placé ... moto contre le mur ; le gardien de la résidence lui fait remarquer que ... risque de gêner les piétons. Cédric le rassure : « Je vais dire bonjour à mon oncle, ... ne sera pas long. »
Omar a besoin de consulter ... messagerie électronique ; pour ..., il doit se connecter à Internet.

3 ▶ Écrivez les phrases en remplaçant les mots en gras par ceux entre parenthèses et accordez.

(Anthony)   **Je** paie ma dette, donc **je** m'enrichis d'un ami !
(Valérie)   **Tu** suis nos conseils et **tu** diminues ta consommation de sucre.
(Noémie)   Tous les mois, **tu** changes ta brosse à dents.
(M. Béraud) **J'**ai trop de livres, ma bibliothèque déborde !
(le moniteur) Malgré le froid, **je** sors puisque ma tenue est très chaude.
(Romain)   **Vous** acceptez votre défaite avec le sourire.
(Manon)   **Tu** cèdes ta place à une personne handicapée.

4 ▶ Copiez les phrases en complétant avec sa ou ça.

Trouver une lampe à pétrole qui fonctionne, ... devient rare.
Les phares guident les navires ; ... permet d'éviter bien des naufrages.
Le chanteur prend soin de ... voix ; c'est son instrument de travail.
Voici un nouveau produit anticalcaire ; avec ... votre évier resplendira !
Un développement de photos numériques, combien ... coûte ?
La tortue se déplace lentement, mais ... lenteur n'a d'égale que ... patience.

RÉPONSES P. 142

42 — Ne pas confondre *peu* et *peut*

▶ On écrit **peu** chaque fois qu'on peut le remplacer par ***beaucoup***.
Peu est un adverbe de quantité.

▶ On écrit **peut** chaque fois qu'on peut le remplacer par ***pouvait*** ou ***pourra***.

Exemples

Il y a **peu** de monde ce soir.
☞ Il y a **beaucoup** de monde ce soir.

Jules **peut** changer d'avis.
☞ Jules **pouvait** changer d'avis.
☞ Jules **pourra** changer d'avis.

▶ Lorsque **peu** est précédé de ***un***, c'est l'ensemble (***un peu***) qui se remplace par ***beaucoup***.
Paul prend **un peu** de sucre.
→ Paul prend **beaucoup** de sucre.

▶ Lorsqu'on écrit **peut**, il s'agit du verbe ***pouvoir*** conjugué à la 3ᵉ personne du singulier du présent de l'indicatif.
Elle **peut** marcher plus vite.
Le piéton **peut** marcher plus vite.

Et pour en savoir plus...

Conjugué à la 1ʳᵉ ou à la 2ᵉ personne du singulier, le verbe ***pouvoir*** prend la terminaison **x**.
Je **peux** marcher plus vite. – Tu **peux** marcher plus vite.

Retenez l'orthographe des **expressions** suivantes.
depuis peu – un tant soit peu – peu importe – peu à peu – quelque peu – à peu près – rien qu'un peu – fort peu – peut-être – autant que faire se peut

Entraînement

1 ▸ **Copiez les phrases en complétant avec peu ou peut. (Essayez de remplacer par beaucoup ou pouvait.)**

Les Anglais prennent souvent leur thé avec un … de lait.
Jérémie ne … pas retenir ses larmes, le film est trop triste.
D'ici, avec un … de patience, on … apercevoir l'île de Porquerolles.
Avec … de produits et en … de temps, ce cuisinier … préparer un repas.
Amalia connaît … le Portugal qu'elle a quitté à l'âge de cinq ans.
Un puzzle … vous passionner pour … que les pièces se ressemblent.
Le mécanicien … régler la hauteur des phares en serrant ou non cette vis.
Avec un … de chance, Andy … passer à travers les gouttes.

2 ▸ **Conjuguez au présent de l'indicatif le verbe pouvoir dans ces expressions. (Consultez le tableau de conjugaison p. 163.)**

pouvoir se reposer un peu   ne *pouvoir* emporter que peu de livres

Je …   Nous …   Je …   Nous …
Tu …   Vous …   Tu …   Vous …
Ophélie …   Les ouvriers …   Renaud …   Les randonneurs …

3 ▸ **Complétez ces proverbes avec peu ou peut.**

Qui … le plus … le moins.
On ne … pas être en même temps au four et au moulin.
Il y a deux sortes de trop : le trop et le trop … .
On ne … pas être et avoir été.
Un … de fiel gâte beaucoup de miel.
Nul ne … servir deux maîtres.

4 ▸ **Copiez les phrases en remplaçant pouvait par peut et beaucoup par peu (ou un peu).**

Élisa ne **pouvait** rester que dix secondes sous l'eau ; c'est **beaucoup**.
Sandra **pouvait** ajouter **beaucoup** de piment dans son assiette de couscous.
On ne **pouvait** pas travailler ; **beaucoup** de calme serait bienvenu.
Ce chien d'avalanche **pouvait** retrouver une personne en quelques minutes.
Avec **beaucoup** de vent, cette éolienne ne **pouvait** pas tourner.
L'ouvrière ne **pouvait** pas quitter sa machine à coudre.
Il y a **beaucoup** de place pour compléter ce questionnaire.

RÉPONSES P. 143

43 — Ne pas confondre

n'y et ni

- Lorsque **n'y** est employé **seul**, il s'écrit généralement **n'y**.
- Lorsque deux **ni** se suivent, ils s'écrivent **ni**.

☞ Ce problème, personne **n'y** comprend rien.

☞ Dans ce souterrain obscur, nous **n'y** pénétrons jamais.

☞ Marco n'aime **ni** les épinards **ni** les carottes.

☞ **Ni** la pluie **ni** le vent ne découragent les randonneurs.

▶ **N'y** peut se décomposer en « ne y ». Le *n* suivi de l'apostrophe (*n'*) est le début d'une négation dont la suite se trouve plus loin dans la phrase. Le *y* représente généralement un nom ou une expression.
<u>Dans les vagues</u>, les nageurs débutants **n'y** vont **pas**. (ne … pas)
<u>Sans ses lunettes</u>, Alexia **n'y** voit **rien**. (ne … rien)
<u>Fermer ses volets</u>, Mme Garnier **n'y** pense **jamais**. (ne … jamais)
<u>Au tiercé</u>, M. Robin **n'y** joue **plus** depuis longtemps. (ne … plus)

▶ Parfois, **ni** peut aussi se remplacer par *pas*.
Marco n'aime **ni** les épinards **ni** les carottes.
→ Marco n'aime **pas** les épinards et **pas** les carottes.

Et pour en savoir plus…

 Le premier **ni** est parfois remplacé par **une autre négation**.
Cet appartement **n'**a **rien** de particulier **ni** de fonctionnel.
Clara pense qu'elle **n'**ira **jamais** en Sibérie **ni** en Mongolie.

Entraînement

1 ▶ Complétez les phrases avec ni ou n'y.

Cette piste de ski n'est pas assez rapide, les descendeurs ... vont pas.
Le sol de cette région est trop pauvre, ... le blé ... le maïs ... poussent.
Le marathon de New York, M. Fradini ... participera jamais.
Ce site archéologique est décevant, on ... a pas trouvé les traces attendues.
Sur ce lac gelé, personne ... pose le pied car la glace est trop mince.
Cette commerçante a tout vendu ; il ... a plus ... pantalons ... blousons.

2 ▶ Répondez négativement aux questions. Observez bien les modèles.

Mangez-vous au self-service ? → Non, nous n'y mangeons pas.

Penses-tu souvent à tes dernières vacances ? → ...
Es-tu déjà allé voir un match de boxe ? → ...
Le cuisinier ajoute-t-il quelque chose à sa sauce ? → ...
Plongerez-vous dans cette eau glacée ? → ...

Écoutes-tu du rap ou de la techno ? → Non, je n'écoute ni rap ni techno.

Oubliez-vous les numéros de téléphone et les adresses de vos amis ?
Possédez-vous un scanner et une imprimante ?
As-tu déjà fait du parapente ou du deltaplane ?
Sylvia est-elle abonnée à un journal quotidien ou à un magazine mensuel ?

3 ▶ Copiez les phrases en complétant avec ni ou n'y.

L'ascenseur est bloqué ; on ne peut ... descendre ... monter.
La planète Vénus est trop chaude, jamais on ... installera une base habitée.
Cette lettre est un modèle du genre, ... changez ... un mot ... une virgule.
Le barreau de cette échelle est vermoulu, ... posez pas le pied.
Dans cette poubelle, on ... jette ... les bouteilles ... les cartons.
Ce serveur ne parle ... le chinois ... le japonais, il s'exprime en anglais.

4 ▶ Écrivez les phrases en supprimant les répétitions selon le modèle.

Partir dès maintenant, Sylvain n'est pas opposé à *partir dès maintenant*.
→ *Partir dès maintenant*, Sylvain n'y est pas opposé.

Ce village est désert, plus personne n'habite dans ce village.
Dans ce quartier, on ne trouve aucune pharmacie ouverte dans ce quartier.
Dans les forêts du Sud, on n'allume pas de feu dans les forêts du Sud.

Ne pas confondre
s'y et si

▶ On écrit **s'y** lorsqu'on peut le remplacer par **m'y** à la 1re personne du singulier ou **t'y** à la 2e personne du singulier.

▶ On écrit **si** dans tous les autres cas.

Exemples

Dans ce labyrinthe, on **s'y** perd.

☞ Dans ce labyrinthe, je **m'y** perds.

☞ Dans ce labyrinthe, tu **t'y** perds.

L'été a été **si** chaud !

☞ On ne dit pas :

Je **m'y** chaud !

▶ **S'y** peut se décomposer en **se** et **y**. Le **s** suivi de l'apostrophe (**s'**) appartient à un verbe pronominal et **y** représente souvent un nom.

se diriger → Le souterrain est très sombre, on **s'y dirige** avec peine.
se reposer → Le fauteuil est confortable, oncle Paul **s'y repose**.

Retenez que **s'y** est toujours placé devant un verbe.

▶ **Si** peut exprimer une condition.

Si j'obtiens la tonalité, je pourrai te téléphoner.

▶ **Si** peut parfois se remplacer par **tellement** ou **aussi**.

Cette caisse est **si** (tellement) lourde que personne ne peut la soulever.
Martial ne se doutait pas que son café était **si** (aussi) chaud.

Et pour en savoir plus...

Retenez les expressions suivantes.

savoir s'y prendre : Le dresseur **sait s'y prendre** pour calmer ce cheval.

s'y connaître : En histoire de l'art, M. Barrel **s'y connaît**.

s'y entendre : Ces deux comiques **s'y entendent** pour nous amuser.

Entraînement

1 ▶ Copiez les phrases en complétant avec s'y ou si. (Essayez de remplacer par m'y ou t'y.)

Saïd ne connaît pas l'Algérie, il ne ... est jamais rendu.
Le TGV est ... rapide qu'on le voit à peine passer.
L'étang de Marcy est un vrai miroir, la Lune ... reflète.
Sur le terrain de golf, M. Robert ... adonne à son sport favori.
Les mouettes tournent autour du rocher et finalement ... posent.
Ce film est ... triste que tous les spectateurs sortent leur mouchoir.
... Lou avait écouté nos conseils, elle ne se serait pas risquée sur la falaise.
... j'étais vous, je lirais ce roman policier ; il est plein de rebondissements.
Dites-nous ... cette émission vaut la peine d'être vue.

2 ▶ Conjuguez l'expression au présent de l'indicatif.
au travail, s'y mettre sans tarder

Au travail, je ...   Au travail, nous ...
Au travail, tu ...   Au travail, vous ...
Au travail, il ...   Au travail, elles ...

3 ▶ Complétez avec s'y ou si. (Essayez de remplacer par m'y ou t'y.)

Sur ce court de tennis, Judith ... est illustrée à plusieurs reprises.
Ce meuble est ... abîmé que l'ébéniste renonce à le réparer.
David est ... contrarié qu'il décide de s'en aller.
Aux Jeux olympiques, les athlètes chinois ... couvrent de gloire.
Le livreur devra faire un détour ... la rue est barrée.
... la randonnée n'est pas trop longue, mon cousin ... associera.
« ... seulement je pouvais dormir », soupire l'insomniaque.

4 ▶ Écrivez les phrases en supprimant les répétitions selon le modèle.
Au château de Versailles, il se donnait de magnifiques fêtes au château de Versailles. → Au château de Versailles, il s'y donnait de magnifiques fêtes.

Yohan n'est pas surpris de notre refus, il s'attendait un peu à notre refus.
Le bruit est assourdissant, mais on s'habitue au bruit assourdissant.
Les draps sont frais, Valérie se glisse dans les draps frais sans tarder.
La pelouse vient d'être tondue, le chien se roule sur la pelouse en jappant.
Devant le jury, Romain se présente très confiant devant le jury.

RÉPONSES P. 145

Le futur simple

▶ Au **futur simple**, quel que soit leur groupe, tous les verbes prennent les mêmes terminaisons. Elles s'ajoutent **généralement** à l'infinitif.

▶ Pour certains verbes du **3ᵉ groupe**, on supprime le **-e** final présent à l'infinitif.

☞ **1ᵉʳ groupe**
je siffler **ai**
tu siffler **as**
il siffler **a**
nous siffler **ons**
vous siffler **ez**
ils siffler **ont**

☞ **2ᵉ groupe**
je grandir **ai**
tu grandir **as**
elle grandir **a**
nous grandir **ons**
vous grandir **ez**
elles grandir **ont**

☞ **3ᵉ groupe**
je servir **ai**
tu servir **as**
on servir **a**
nous servir **ons**
vous servir **ez**
ils servir **ont**

☞ **Verbes du 3ᵉ groupe** avec un **-e** final de l'infinitif supprimé :
apprendre : tu apprendr **as**   *sourire* : vous sourir **ez**

▶ Avant d'écrire un verbe au **futur simple**, il faut toujours chercher son infinitif, car **la prononciation** pourrait vous faire **oublier certaines lettres**.

jouer → il jouera   *distribuer* → tu distribueras
nettoyer → je nettoierai   *skier* → vous skierez

Et pour en savoir plus...

 Retenez les **formes particulières** de quelques verbes.

verbes du 1ᵉʳ groupe	*verbes du 3ᵉ groupe*	
acheter : il achètera	avoir : il aura	mourir : il mourra
appeler : il appellera	être : il sera	pouvoir : il pourra
envoyer : il enverra	aller : il ira	savoir : il saura
essuyer : il essuiera	courir : il courra	tenir : il tiendra
geler : il gèlera	devoir : il devra	venir : il viendra
jeter : il jettera	faire : il fera	voir : il verra

Entraînement

1 ▶ Conjuguez les verbes au futur simple.
avoir beau temps   être en bonne santé
observer les insectes   dormir à la belle étoile

2 ▶ Transformez les phrases selon le modèle.
Tu *vas garder* ton sang-froid. → Tu *garderas* ton sang-froid.

Le camion va bientôt tourner à droite et il va se diriger vers la frontière.
Cette machine va trier l'ensemble du courrier en quelques heures.
Les mauvaises herbes vont envahir la pelouse.
Avec ses miaulements, ce petit chat va attendrir sa jeune maîtresse.
Les touristes vont acclamer les chars et les grosses têtes du carnaval.

3 ▶ Écrivez les verbes entre parenthèses au futur simple.
(*adorer*)   Écoute ce disque et je suis sûre que tu l'... .
(*enregistrer*)   Vous ... ce film qui est programmé bien trop tard.
(*arroser*)   Pendant votre absence, j'... vos plantes vertes.
(*allumer*)   Nous ... un bon feu de cheminée.
(*s'ouvrir*)   À dix heures, les portes du parc d'attractions ... .

4 ▶ Écrivez les verbes en gras au futur simple.
Les techniciens **remplissent** les réservoirs de la navette spatiale.
Tu ne **repars** pas bredouille puisque tu as pris une ablette !
Vous **écrivez** avec un crayon à papier pour effacer facilement vos erreurs.
M. Court **assemble** ces planches et il **a** la joie d'obtenir une belle armoire.
Comme tu ne **ralentis** pas, je ne **peux** pas te suivre.

5 ▶ Écrivez les verbes entre parenthèses au futur simple. (N'oubliez pas les lettres muettes.)
(*évacuer*)   Au signal, les employés ... les lieux sans précipitation.
(*sacrifier*)   Tu ne ... pas tes dernières chances.
(*renflouer*)   Cette rentrée d'argent ... votre compte en banque.
(*louer*)   Pour travailler ce terrain, nous ... un motoculteur.
(*se situer*)   Personne ne sait où ... les limites de la nouvelle ville.
(*se fier / vérifier*)   Je ne ... pas à mon intuition et je ... les résultats.

RÉPONSES P. 146

46 L'imparfait de l'indicatif

▶ À l'**imparfait de l'indicatif**, quel que soit leur groupe, tous les verbes prennent les mêmes terminaisons.
▶ **Pour les verbes du 2ᵉ groupe**, on place toujours l'élément **-ss-** avant la terminaison.

Exemples

👉 **1ᵉʳ groupe**
je pay**ais**   nous pay**ions**
tu pay**ais**   vous pay**iez**
il pay**ait**   ils pay**aient**

👉 **3ᵉ groupe**
je ten**ais**   nous ten**ions**
tu ten**ais**   vous ten**iez**
elle ten**ait**   elles ten**aient**

👉 **Verbes du 2ᵉ groupe** (-**ss**- avant la terminaison) :
frémir : je frémi**ss**ais   réfléchir : nous réfléchi**ss**ions
grandir : tu grandi**ss**ais   faiblir : vous faibli**ss**iez
réussir : il réussi**ss**ait   se réjouir : elles se réjoui**ss**aient

▶ Pour conserver le son **(s)** devant les terminaisons débutant par **a**, les verbes terminés par **-cer** à l'infinitif prennent une cédille.
j'avançais – tu te balançais
il s'exerçait – elles commençaient

▶ Pour conserver le son **(je)** devant les terminaisons débutant par **a**, les verbes terminés par **-ger** à l'infinitif prennent un **-e**.
je plongeais – tu voyageais
il rangeait – elles exigeaient

Et pour en savoir plus...

 Retenez les **formes particulières** de quelques verbes.

gagner :   nous gagn**ions**   connaître : je connaissais
plier :   nous pli**ions**   dire :   nous di**sions**
avoir :   j'avais   éteindre :   j'éteignais
être :   j'étais   faire :   je faisais
boire :   je buvais   plaire :   je plaisais
conduire :   nous condui**sions**   voir :   je voyais

Entraînement

1 ▶ Complétez avec le pronom personnel qui convient.
Étais-... sûre de ta réponse ?
... était bien la seule à ne pas aimer la musique techno.
... étais devant mon problème, incapable de trouver la solution.
... n'avais plus de cartouches pour ton stylo.
... n'aviez pas compris le fonctionnement de votre imprimante.
... étions encore au lit quand la sonnerie du téléphone retentit.
... étaient toujours chaudement habillées.

2 ▶ Transformez selon le modèle.
Je viens de regarnir le réfrigérateur. → *Je regarnissais le réfrigérateur.*

Lazare vient de démonter la roue.   Tu viens d'inviter tes amis.
Nous venons de débuter la partie.   Vous venez d'installer ce meuble.
Je viens de t'avertir de son départ. Les vigiles viennent de fermer la porte.

3 ▶ Écrivez les verbes en gras à l'imparfait de l'indicatif.
Plus jeunes, nos parents **ont milité** pour la défense des droits de l'homme.
L'idée d'un bon bain chaud nous **a motivés** et nous **avons accéléré** la cadence.
Tu **as adoré** le sorbet, mais tu **as laissé** les biscuits qu'on avait mis autour.
Lorsque je me **suis entraîné** au tennis, je me **suis** souvent **tordu** les chevilles.
Vous **avez perdu** tous les paris que vous **avez engagés**.
Les naufragés **ont recueilli** l'eau de pluie pour se rafraîchir.

4 ▶ Écrivez les verbes entre parenthèses à l'imparfait de l'indicatif.
(*vivre*)   Nos ancêtres ne ... pas très vieux.
(*souffrir*)   Avec ce corset de plâtre, tu ... le martyre.
(*secourir*)   Nous ... les personnes sans ressources et sans abri.
(*émettre*)   Les policiers ... des doutes sur les déclarations du suspect.
(*apprendre*) Autrefois, les élèves ... à écrire avec un porte-plume.
(*interdire*) Un gros cadenas ... l'entrée du parc.

5 ▶ Écrivez les verbes à l'imparfait de l'indicatif. Changez les sujets.
faire un brouillon, puis *écrire* le texte définitif de l'exposé

Le professeur ...   Vous ...   Samir et Quentin ...
Je ...   Nous ...   Tu ...

RÉPONSES P. 147

47) Le présent du conditionnel

▶ Au présent du conditionnel, tous les verbes prennent les mêmes terminaisons. Elles s'ajoutent généralement à l'infinitif.
▶ Pour certains verbes du 3ᵉ groupe, le -e final de l'infinitif disparaît.

1ᵉʳ groupe
- je flâner**ais**
- tu flâner**ais**
- il flâner**ait**
- nous flâner**ions**
- vous flâner**iez**
- elles flâner**aient**

2ᵉ groupe
- je rougir**ais**
- tu rougir**ais**
- il rougir**ait**
- nous rougir**ions**
- vous rougir**iez**
- elles rougir**aient**

3ᵉ groupe
- j' ouvrir**ais**
- tu ouvrir**ais**
- il ouvrir**ait**
- nous ouvrir**ions**
- vous ouvrir**iez**
- elles ouvrir**aient**

Verbes du 3ᵉ groupe avec un -e final de l'infinitif supprimé :
comprendre : je comprendr**ais**   *dire* : nous dir**ions**   *renaître* : vous renaîtr**iez**

▶ Pour ne pas confondre la 1ʳᵉ personne du singulier au présent du conditionnel et au futur simple, il faut penser à la personne correspondante du pluriel.
Je prendr**ais** volontiers un café.
→ Nous prendr**ions** volontiers un café.
C'est le présent du conditionnel.
Je prendr**ai** un café. → Nous prendr**ons** un café.
C'est le futur simple.

Et pour en savoir plus...

Retenez les **formes particulières** de quelques verbes.

- acheter : j'achèterais, il achèterait
- appeler : j'appellerais, il appellerait
- envoyer : j'enverrais, il enverrait
- essuyer : j'essuierais, il essuierait
- jeter : je jetterais, il jetterait
- avoir : j'aurais, il aurait
- être : je serais, il serait
- aller : j'irais, il irait
- courir : je courrais, il courrait
- devoir : je devrais, il devrait
- faire : je ferais, il ferait
- pouvoir : je pourrais, il pourrait
- savoir : je saurais, il saurait
- tenir : je tiendrais, il tiendrait
- venir : je viendrais, il viendrait
- voir : je verrais, il verrait

Entraînement

1 ▶ **Conjuguez les verbes au présent du conditionnel.**
souhaiter aller en Chine
skier volontiers sur une piste noire
aimer déguster une île flottante
se diriger vers la sortie

2 ▶ **Écrivez les verbes entre parenthèses au présent du conditionnel.**
(avoir) Si les citadins triaient leurs déchets, il y ... moins de pollution.
(manger) Si le médecin l'exigeait, vous ne ... plus de charcuterie.
(déborder) Sans digues protectrices, les rivières ... .
(répondre) Si je lui envoyais un message, Honoré me ... sûrement.
(cesser) Nous attendions avec impatience le moment où la pluie ... .
(consentir) Si vous insistiez, le vendeur vous ... une petite réduction.

3 ▶ **Écrivez les verbes entre parenthèses au présent du conditionnel.**
(se casser) N'utilisez pas ces mèches pour percer le béton, elles ... .
(apprécier) Si tu m'invitais au restaurant, j'... bien une bonne pizza.
(travailler) Si nous suivions ses conseils, nous ... un peu plus.
(venir) Si je procédais méthodiquement, je ... à bout de ce travail.
(se nourrir) Si les poules avaient des dents, elles ... de viande !

4 ▶ **Transformez selon le modèle.**
Quand tu auras un ordinateur, tu pourras consulter des cédéroms.
→ *Si tu avais un ordinateur, tu pourrais consulter des cédéroms.*

Quand le vent **cessera**, la pluie **tombera** en abondance.
Lorsque tu **répareras** la prise électrique, tu **couperas** le courant.
Quand tu **défricheras** ce terrain, tu **te méfieras** des vipères.
Lorsque vous **verrez** votre tête, vous **comprendrez** notre étonnement.
Quand tu **connaîtras** la règle du jeu, tu me l'**expliqueras**.

5 ▶ **Écrivez les verbes entre parenthèses au présent du conditionnel.**
(aller) Si tu allongeais le pas, tu ... plus vite.
(effectuer) Si le soleil brillait, les agriculteurs ... une bonne récolte.
(s'ennuyer) Si tu apprenais à jouer aux échecs, tu ne ... jamais.
(valoir) Il ... mieux que les piétons marchent sur le trottoir.
(mourir) Si le jardinier ne l'arrosait pas, cette plante ... .
(prévoir) Si je partais en mer, je ... un ciré et des bottes.

RÉPONSES P. 148

48 Le présent du subjonctif

▶ Au **présent du subjonctif**, tous les verbes (sauf *avoir* et *être*) prennent les mêmes terminaisons. Ils sont précédés du petit mot *que*.

▶ Pour les verbes du **2ᵉ groupe**, on place toujours l'élément **-ss-** avant la terminaison.

☞ **1ᵉʳ groupe**
Il faut que je march e
Il faut que tu march es
Il faut qu'il march e
Il faut que nous march ions
Il faut que vous march iez
Il faut qu'ils march ent

☞ **3ᵉ groupe**
Il faut que je descend e
Il faut que tu descend es
Il faut qu'elle descend e
Il faut que nous descend ions
Il faut que vous descend iez
Il faut qu'elles descend ent

☞ **Verbes du 2ᵉ groupe** (-**ss**- avant la terminaison) :
choisir : Il faut que tu choisi**ss** es   réagir : Il faut que nous réagi**ss** ions
mûrir : Il faut qu'il mûri**ss** e   remplir : Il faut que vous rempli**ss** iez

▶ Il faut connaître les formes particulières des verbes **avoir** et **être**.

avoir	… que j'aie	… que nous ayons
	… que tu aies	… que vous ayez
	… qu'il ait	… qu'ils aient
être	… que je sois	… que nous soyons
	… que tu sois	… que vous soyez
	… qu'il soit	… qu'ils soient

Et pour en savoir plus…

💡 Retenez les **formes particulières** de quelques verbes du 3ᵉ groupe.

aller : qu'il aille   peindre : qu'il peigne   tenir : qu'il tienne
devoir : qu'il doive   plaire : qu'il plaise   venir : qu'il vienne
dire : qu'il dise   pouvoir : qu'il puisse   voir : qu'il voie
faire : qu'il fasse   savoir : qu'il sache   vouloir : qu'il veuille

Entraînement

1 ▶ Transformez selon le modèle.

J'attends mon tour. → Il faut que *j'attende mon tour.*

Tu réponds au téléphone. → Il est souhaitable que ... .
Le barrage retient les branches. → Il est inévitable que ... .
Je vais au cinéma avec lui. → Mon frère aimerait que ... .
Vous vous trompez. → Il est à craindre que ... .
Bérangère dort. → Le bruit s'oppose à ce que ... .
La neige fond. → Il arrive que ... .

2 ▶ Écrivez les verbes entre parenthèses au présent du subjonctif.

(transmettre) J'ai été ravie que tu ... mes amitiés à Géraldine.
(faire) Ses parents tiennent à ce qu'il ... ses devoirs avant de jouer.
(apercevoir) Il faut que le public ... les concurrents dès la sortie du virage.
(partager) Nos amis nous écrivent pour que nous ... un peu leur joie.
(dire) Mme Roudil souhaite qu'Ophélie lui ... ce dont elle a envie.
(se joindre) Tu veux que je ... à vous pour ce prochain voyage.

3 ▶ Écrivez les verbes entre parenthèses au présent du subjonctif.

(valoir) Ces automobilistes n'admettent pas que l'essence ... aussi cher.
(aller) Si M. Keller n'est pas satisfait, qu'il ... voir un responsable.
(concevoir) Il arrive que les architectes ... des immeubles bien étranges.
(peindre) Vous m'appelez pour que je ... la porte du garage en vert.
(prendre) Le contrôleur a refusé que les personnes sans billet ... le train.
(tendre) Avant de tourner à gauche, il faut que le cycliste ... le bras.
(courir) Je ne tiens pas à ce que tu ... pendant deux heures.

4 ▶ Transformez selon le modèle.

Je pense que vous cherchez dans la mauvaise direction.
→ Il est possible que *vous cherchiez* dans la mauvaise direction.

Il est certain que le train réduit la durée du trajet. → Il n'est pas certain ... .
Il est évident que tu meurs de faim. → Il n'est pas évident ... .
Il est indiscutable que je fais le premier pas. → Il est exclu ... .
J'admets que tu résous ce problème facilement. → Il se peut ... .
On ignore si Vincent tient à cette visite. → Je me réjouis ... .

RÉPONSES P. 149

49. Le passé simple

▶ Au **passé simple**, tous les verbes du **1er groupe** prennent les mêmes terminaisons.

▶ Les verbes du **2e groupe** et beaucoup de verbes du **3e groupe** ont des terminaisons en **-i**.

▶ Un certain nombre de verbes du **3e groupe** comme *courir, connaître, vouloir, recevoir, lire* ont des terminaisons en **-u**.

☞ Verbes du **1er groupe** :
je cri **ai** – tu cri **as** – il cri **a** – nous cri **âmes** – vous cri **âtes** – ils cri **èrent**

☞ Verbes du **2e groupe** et souvent du **3e groupe** :
rougir : je roug **is** – tu roug **is** – il roug **it** – elles roug **irent**
perdre : je perd **is** – tu perd **is** – il perd **it** – elles perd **irent**

☞ Certains verbes du **3e groupe** :
courir : je cour **us** – tu cour **us** – il cour **ut** – ils cour **urent**

▶ Il faut connaître les formes particulières des verbes **avoir** et **être**.

avoir		être	
j'eus	nous eûmes	je fus	nous fûmes
tu eus	vous eûtes	tu fus	vous fûtes
il eut	ils eurent	il fut	ils furent

Et pour en savoir plus...

 Retenez les **formes particulières** de quelques verbes irréguliers du 3e groupe.

atteindre : j'atteignis – tu atteignis – il atteignit – ils atteignirent
devoir : je dus – tu dus – il dut – ils durent
faire : je fis – tu fis – il fit – ils firent
pouvoir : je pus – tu pus – il put – ils purent
tenir : je tins – tu tins – il tint – ils tinrent
venir : je vins – tu vins – il vint – elles vinrent
vivre : je vécus – tu vécus – il vécut – ils vécurent

Entraînement

1 ▶ **Écrivez les verbes entre parenthèses au passé simple.**

(être)   Comme tu me l'avais demandé, je ... à l'heure au rendez-vous.
(avoir) Comme dessert, j'... le choix entre un sorbet et une île flottante.
(être)   Dès la première sonnerie, tu ... devant le téléphone.
(avoir) Dans ta jeunesse, tu ... la chance de beaucoup voyager.
(être)   L'auteur de l'accident ... condamné à verser une forte amende.
(être)   Les pompiers ... décorés pour leur participation au sauvetage.
(avoir) À la vue du serpent, les promeneurs ... un mouvement de recul.
(avoir) M. Simon ... quelque difficulté à trouver l'adresse du magasin.

2 ▶ **Copiez les phrases en écrivant les verbes en gras au passé simple.**
Malgré le verglas, les routiers **contrôlent** parfaitement leur véhicule.
Avant de prendre la route, M. Klein **vérifie** la pression des pneus.
À la surprise générale, tu **lances** ta boule à un centimètre du cochonnet.
Les pêcheurs **s'enfoncent** dans la vase jusqu'aux genoux.
Pour ouvrir la boîte, j'**exerce** une forte pression sur le couvercle.
Je **démonte** le boîtier de ma lampe électrique pour changer la pile.

3 ▶ **Écrivez les verbes entre parenthèses au passé simple.**

(faire)   La fête battait son plein quand la pluie ... son apparition.
(venir)   Comme j'étais malade, le médecin ... à la maison.
(s'effondrer) À l'arrivée de la course, je ... , à bout de souffle.
(étaler)   Au marché de Privas, les forains ... leurs marchandises.
(ordonner)   Pour en avoir le cœur net, le commissaire ... une expertise.
(proclamer)   Les Révolutionnaires ... la République en 1792.
(s'écrouler) Mal équilibré, le chargement ... au premier cahot.

4 ▶ **Copiez les phrases en écrivant les verbes en gras au passé simple.**
Les ballons **rebondissaient** sur le cercle et **pénétraient** dans le panier.
Je **démolissais** le château de cartes que j'avais si patiemment construit.
Les mineurs de fond et les fondeurs **jouissaient** d'une retraite bien méritée !
L'eau **assouplissait** les brins d'osier.
Tu **trahissais** ton inquiétude en te rongeant les ongles.
À cause de la chaleur du four, les couronnes de pain **durcissaient** trop vite.

RÉPONSES P. 150

50 — À la fin d'un verbe : i ou it ; u ou ut ?

▶ Lorsque la forme terminée par le son (i) ou par le son (u) peut se remplacer par une autre forme verbale, il s'agit du verbe conjugué. Il prend alors les terminaisons propres à son temps, c'est-à-dire le présent de l'indicatif ou le passé simple.

▶ Dans le cas contraire, il s'agit du participe passé en -i ou en -u qui s'accorde éventuellement.

Exemples

☞ **Verbe conjugué**, avec les terminaisons propres à son temps :
Je réagis à tes critiques. → Je réagissais à tes critiques.
Napoléon connut la gloire. → Napoléon connaissait la gloire.

☞ **Participe passé** :
J'ai réagi à tes critiques. – des personnes très connues

▶ Le verbe conjugué peut être au présent ou au passé simple.

– Présent de l'indicatif :

finir : Je finis mon dessert.   *sourire :* Je souris aux anges.
Tu finis ton dessert.   Tu souris aux anges.
Il finit son dessert.   Il sourit aux anges.

– Passé simple :

courir : Je courus à perdre haleine.   *partir :* Je partis à l'heure.
Tu courus à perdre haleine.   Tu partis à l'heure.
Il courut à perdre haleine.   Il partit à l'heure.

Et pour en savoir plus...

Certains **participes passés** se terminent par **is** ou par **it** lorsqu'ils sont au masculin singulier. Pour les reconnaître, on peut essayer des les accorder avec un nom féminin ; on entend alors la lettre finale.

un homme surpris → une femme surprise

Entraînement

1 ▶ Écrivez les verbes aux temps de l'indicatif.

	présent	passé simple	passé composé
(sortir)	il ...	il ...	il ...
(vivre)	Éva ...	Éva ...	Éva ...
(obéir)	j'...	j'...	j'...
(attendre)	on ...	on ...	on ...

2 ▶ Accordez les participes passés employés comme des adjectifs.

(battre)	un fromage ...	de la crème ...	des œufs ...
(vivre)	un moment ...	une expérience ...	des histoires ...
(endormir)	un enfant ...	une fillette ...	des chatons ...
(résoudre)	un problème ...	une énigme ...	des charades ...

3 ▶ Copiez les phrases en écrivant les verbes en gras au présent de l'indicatif.

Fondu, le caramel **frémissait** dans la casserole.
Tu **choisissais** des fruits mûris au soleil d'Espagne.
L'agriculteur **détruisait** les surplus de choux-fleurs.
Tu me **disais** que le café moulu **perdait** de son arôme.
Olivier **reproduisait** de mémoire les moindres détails de ce paysage.

4 ▶ Complétez avec le participe passé ou le verbe conjugué au présent. (Essayez de remplacer par une forme à l'imparfait de l'indicatif.)

(rompre)	Ses amarres ..., le navire dérive le long des côtes.
(garantir)	Le fabricant ... cet appareil ménager pendant trois ans.
(unir)	Très ..., ces deux amies ne se quittent jamais.
(séduire)	Avec sa robe neuve, Adeline ... toute l'assistance.
(envahir)	... par les eaux, cette prairie ressemble à un immense lac.

5 ▶ Copiez les phrases en écrivant les verbes en gras au présent de l'indicatif.

En entendant des voix amicales, le spéléologue **a repris** espoir.
Pour répondre à cette question, une minute **a suffi** au candidat.
Secouru en un temps record, le blessé n'**a perdu** que peu de sang.
Pendant l'entretien d'embauche, Yannick **a plu** au jury par son naturel.

RÉPONSES P. 150

Réponses

1 Savoir isoler les mots

1 ▶ Les rafales de vent ont couché plusieurs arbres centenaires.
Denis se console de son échec, il recommencera prochainement.
Les transports en commun polluent moins que les véhicules individuels.
Les vendeurs cherchent à attirer les clients par tous les moyens.
Monsieur Lardy possède une superbe collection de jouets anciens.
Nous retirons de l'argent au distributeur automatique.
Le concert de rap a débuté à vingt heures précises.

2 ▶ l'hôpital ; l'échelle ; **la** demande ; l'œil ; **la** lampe ;
l'univers ; **la** goutte ; l'équilibre ; **la** peur ; l'aviateur ;
la vitesse ; l'imprudence ; **la** ferraille ; **le** rang ; l'ennui ;
le tuyau ; l'occasion ; **la** honte ; l'appel ; l'horloge.

3 ▶ *Il est parfois difficile de distinguer les noms qui débutent par un « h » aspiré et ceux qui débutent par un « h » muet. Il est recommandé de bien oraliser les noms.*
l'illusion ; l'obstacle ; l'histoire ; la hanche. / l'homme ; la haie ; l'œuvre ; l'artiste. / l'hôtel ; le héros ; l'uniforme ; l'entrée. / l'incendie ; la housse ; l'agent ; l'essai.

4 ▶ Je m'abrite. Il s'abrite. Nous nous abritons. Elles s'abritent.
Je m'occupe. Il s'occupe. Nous nous occupons. Elles s'occupent.
Je m'incline. Il s'incline. Nous nous inclinons. Elles s'inclinent.
Je m'approche. Il s'approche. Nous nous approchons. Elles s'approchent.

5 ▶ À **l'arrêt** de **l'autobus**, les portes **s'ouvrent** automatiquement.
Valérie **s'est** mariée à **l'âge** de vingt ans.
L'anglais est une langue qui **s'apprend** assez facilement.
Lorsqu'il s'absente, M. Malet branche **l'alarme** de **l'appartement**.
Puisqu'il fait beau, je **n'ai** pas besoin de prendre un parapluie.
Hervé connaît **quelqu'un** qui travaille à **l'usine d'ameublement**.

2 Reconnaître le nom

1 ▶ C'est avec (plaisir) que je te rendrai un (service).
Les (voiles) blanches des (dériveurs) se détachent sur le (ciel) clair.
L'(ouverture) des (magasins) est prévue en (fin) de (journée) seulement.
Les (randonneurs) ont marché très longtemps avant d'apercevoir le (refuge).
De nombreuses (caravanes) stationnent sur le (parking) de l'(autoroute).
La (moquette) de la (chambre) doit être remplacée parce qu'elle est usée.

Réponses

2 ▶ Le (présentateur) trouve le (mot) de la (fin) pour remercier le (public).
Pourquoi n'avez-vous pas choisi une (tranche) de (pain) de (campagne) ?
Les (contrôleurs) au (sol) sont en (contact) permanent avec la (capsule) spatiale.
Il est dangereux de se placer trop près de l'(écran) d'un (téléviseur).
Le (joueur) blessé regarde la (partie), assis sur le (banc) de (touche).
La (pommade) que tu m'as prêtée me protégera du (soleil).
Ce (magazine) publie un (article) sur le (problème) du (racisme).
Noms masculins : le présentateur – le mot – le public – (le) pain – les contrôleurs – (le) sol – (le) contact – l'écran – un téléviseur – le joueur – le banc – (le) soleil – ce magazine – un article – le problème – (le) racisme.
Noms féminins : la fin – une tranche – (la) campagne – la capsule – la partie – (la) touche – la pommade.

3 ▶ **une** bouteille ; **un** programme ; **un** acteur ; **une** aiguille ; **un** sommet ;
une explosion ; **un** malaise ; **un** blouson ; **une** mouette ; **une** piqûre ;
une guitare ; **une** légende ; **un** collier ; **un** navire ; **une** médaille ;
un lycée ; **une** émission ; **un** disque ; **un** incendie ; **un** réchaud.

4 ▶ *Noms* : la prairie – le poids – la sauce – le texte – le sable – le zèbre – la vapeur – le cadeau – le docteur – le pommier.
Autres mots : quoi – plusieurs – lentement – sans – cruel – bientôt – longtemps – compliqué – fêter – compter.

3 Les déterminants

1 ▶ *Seule difficulté : retrouver les articles « du » et « au ».*
(La) cartomancienne lit-elle vraiment (l')avenir dans (les) cartes ?
Céline passe devant (la) vitrine (du) pâtissier sans céder à (la) gourmandise.
Pour s'échauffer, (les) athlètes se rendent (au) stade en courant.
Vous suivez (les) conseils (du) médecin et vous vous arrêtez de fumer.
(Le) commissaire recueille (le) témoignage (des) victimes et entreprend (une) recherche pour retrouver (le) coupable.

2 ▶ *Pour retrouver les déterminants, il faut évidemment bien identifier les noms. Ne pas oublier que les articles sont des déterminants.*
Dans la 2ᵉ phrase, le nom « pays » est précédé de deux déterminants. Attention, « de » n'est pas un déterminant même s'il est placé devant un nom dépourvu de déterminant (3ᵉ phrase : « de téléphone ») ; c'est une préposition.

Avant de tourner (une) scène délicate, (cet) acteur soigne (son) maquillage.
(Plusieurs) journaux ont annoncé (la) fin (des) combats entre (ces) (deux) pays.
Marion ne retient jamais (les) numéros de téléphone de (ses) amies.

Réponses

(Cette) année, (les) pantalons larges sont à (la) mode ; (les) couturiers changent souvent (nos) habitudes vestimentaires.

3 ▸ *Seule difficulté : les deux formes homophones « cet » et « cette ».*
cette fable ; **ces** moteurs ; **cet** accident ; **ces** voitures ;
cette gare ; **cette** horloge ; **cet** éléphant ; **cet** inconnu ;
ces endroits ; **ces** poissons ; **cette** orange ; **cette** limite ;
ce litre ; **cette** personne ; **ce** trottoir ; **ces** manières.

4 ▸ *Prélevez des indices dans les phrases pour trouver le déterminant qui convient. Par exemple, dans la 1re phrase, le matériel appartient aux ouvriers, il faut donc placer un déterminant de la 3e personne du pluriel, mais sans la marque du pluriel puisque le nom est singulier.*
Les bons ouvriers prennent le plus grand soin de **leur** matériel.
Il y a du vent ce matin, tu devrais prendre **ta** veste et **ton** foulard.
Je ne peux pas me baigner, j'ai oublié **mon** maillot de bain.
Didier est heureux, il assiste au mariage de **sa** sœur.
Nous faisons de rapides progrès grâce aux conseils de **notre** moniteur.
Ce problème est difficile, mais **votre** méthode est la bonne ! Continuez.
Elle sent bon, j'adore **son** parfum ; je vais offrir le même à **ma** mère.

5 ▸ *Dans la 3e phrase, la présence de « seules » entraîne le seul mot au pluriel : « quelques ».*
Dans un orchestre, **chaque** musicien participe à la réussite de tous.
Aucun journaliste n'a pu pénétrer au Soudan occidental.
Au mois d'août, seules **quelques** boulangeries demeurent ouvertes.

4 Le pluriel des noms

1 ▸ *Au pluriel, « un » et « une » deviennent « des » ; « le » et « la » deviennent « les ». L'article pluriel ne différencie pas le genre.*
des allumettes ; des odeurs ; des opérations ; des naissances.
les bouches ; les pêches ; les poignées ; les pièces.
des vérités ; des oreilles ; des idées ; des traces.
les routes ; les poules ; les parts ; les cabines.

2 ▸ des sièges ; des hommes ; des rochers ; des savants.
les restes ; les salaires ; les rêves ; les sauts.
des masques ; des souvenirs ; des coqs ; des réservoirs.
les moutons ; les flacons ; les décors ; les stylos.

Réponses

3 ▶ *Application des règles énoncées, hormis pour l'exception : « des bijoux ».*

des chameaux ; des pruneaux ; des journaux ; des troupeaux ; des cheveux.
les locaux ; les tribunaux ; les jeux ; les cous ; les plateaux.
des parois ; des bijoux ; des voyous ; des adieux ; des généraux.
les emplois ; les kangourous ; des rails ; les portails ; les cristaux.

4 ▶ *Les accords, autres que les marques du pluriel des noms, sont déjà faits.*

Les rivières débordent ; **les champs** seront bientôt inondés.
Dans **les aéroports**, **les tableaux** indiquent **les horaires des avions**.
Les bureaux de **ces usines** sont équipés **d'ordinateurs** très performants.
Les veaux élevés dans **les prairies** donnent **des viandes** d'excellente qualité.
Pour vérifier **les totaux des factures**, il vaut mieux utiliser une calculatrice.

5 ▶ *Attention, au pluriel, « leur » devient « leurs ».*

Comme **les réparations** sont terminées, **les mécaniciens** rangent **leurs outils**.
Les tombeaux des empereurs de Chine sont interdits **aux visiteurs** étrangers.
Les voitures attendent que **les camions** dégagent **les lieux**.
Autrefois, **les cordes des raquettes** étaient fabriquées avec **des boyaux**.
Les autorails qui relient Nancy à Strasbourg ne circulent pas aujourd'hui.
Les archéologues ont découvert **des statues de dieux** grecs.

5 Les adjectifs

Dans le cadre de la séquence 5, retenez les formes du pluriel particulières de quelques adjectifs qualificatifs assez courants : un « vieil » arbre → de « vieux » arbres – un « bel » animal → de « beaux » animaux – un « nouvel » article → de « nouveaux » articles.

▶ *Attention, « passager » peut être un nom dans certains cas.*

des sons (graves) et (lancinants) ; un ciel (sombre) et (nuageux) ; des (petits) pois (frais) ; une (belle) terrasse (fleurie) ; un (violent) orage (passager) ; un fruit (juteux) et (sucré). un printemps (doux) et (humide) ; une (véritable) perle (noire) ; une (large) avenue (ombragée) ; une (brillante) réussite (inattendue) ; des crayons (fins) et (pointus) ; des résultats (nets) et (précis).

▶ emprunter une rue **étroite** ; manger une viande **froide** ; aller à une soirée **costumée** ; traverser une ville **déserte** ; entrer dans une pièce **aérée** ; boire une tisane **brûlante**.

▶ utiliser des appareils **ménagers** ; apporter des plats **appétissants** ; retenir des formules **magiques** ; soigner des animaux **blessés** ; jeter des regards **inquiets** ; tracer des traits **droits**.

Réponses

4 ▶ Pour trouver le féminin de « franc » et de « mou », oralisez les phrases.
Thierry a obtenu une place **gratuite** pour le concert de samedi.
Nous profitons des **beaux** jours pour nous promener.
La direction **générale** de cette société s'installe à Orléans.
La skieuse enfile une **élégante** combinaison.
Des joueurs **assidus** à l'entraînement, c'est la clé du succès.
Cette entrevue a donné lieu à des explications **franches**.
À l'annonce des résultats, Stéphanie a les jambes **molles**.
Les repas **familiaux** sont l'occasion de revoir nos cousins.

6 L'écriture des nombres

1 ▶ Consultez l'encadré « Et pour en savoir plus… » (p. 18) pour placer correctement les traits d'union. Leur oubli n'est cependant qu'une erreur mineure.
cinq ; quatorze ; trente-six ; soixante-trois ; cent vingt.
sept ; trente-huit ; quarante-neuf ; soixante-seize ; trois cent douze.
neuf ; vingt-quatre ; cinquante et un ; quatre-vingt-dix-huit ; six cent vingt-sept.

2 ▶ Pour appeler le SAMU, il faut composer le **quinze**.
Nous allons fêter les **quatre-vingt-cinq** ans de notre grand-père.
Les biscuits sont empaquetés par lots de **soixante-quatre**.
Avant 1974, la majorité était fixée à **vingt et un** ans.
Le mille marin vaut **mille huit cent cinquante-deux** mètres.
Cette terre produit **soixante-quinze** quintaux de blé à l'hectare.
Sur autoroute, la vitesse est limitée à **cent trente** km/h.
La région Nord-Pas-de-Calais a une superficie de **douze mille cent quarante-quatre** km^2

3 ▶ Cette année, Mme Brun enseigne le français aux **troisièmes**.
Ce doit être la **sixième** fois que je relis le même article.
Seules les cent **premières** personnes purent obtenir un billet.
Les trois **cinquièmes** du stock de magnétoscopes ont été vendus.
L'avion partira aux environs de huit heures et **demie**.
Yvan n'a été battu que de deux **centièmes** de secondes.

4 ▶ Les **derniers** jours du mois de juillet furent torrides.
La qualité des **seconds** rôles a fait le succès de ce film.
Dans ce carton, on peut placer cinq **douzaines** de boîtes de petits pois.
Quelques **centaines** d'admirateurs attendent l'artiste.
Cette entreprise a embauché plusieurs **milliers** de personnes.
L'agglomération de Mexico compte plus de trente **millions** d'habitants.

Réponses

7 Le groupe du nom

1 ▶ Pour les deux premiers adjectifs, vous pouvez consulter un dictionnaire.

un ami **loyal** ; une amie **loyale** ; des amis **loyaux** ; des amies **loyales**.
un chat **peureux** ; une chatte **peureuse** ; des chats **peureux** ; des chattes **peureuses**.
un livre **rare** ; une pièce **rare** ; des livres **rares** ; des pièces **rares**.
un prix **élevé** ; une note **élevée** ; des prix **élevés** ; des notes **élevées**.
un doigt **gelé** ; une main **gelée** ; des doigts **gelés** ; des mains **gelées**.

2 ▶ En écoutant **ces histoires drôles**, vous avez ri aux éclats.
M. Adrien a rencontré de **vieux agriculteurs bretons**.
Dans cette vallée tranquille, il y a encore **de petites maisons grises**.
On conduit **les chiens errants** à la fourrière.
Florian dévale **les pentes** en partie **verglacées**.
On ne domptera jamais **ces ours** trop **sauvages**.

3 ▶ Les curieux assistent au départ **du dernier vaisseau spatial**.
Les pigeons envahissent **la place publique** du quartier.
L'infirmière entoure le malade de **sa présence attentive**.
Après avoir nettoyé tous les pinceaux, tu as **les mains poisseuses**.
Le prestidigitateur tient en haleine **un public** bien **curieux**.
Ce fut **un** rude **dimanche consacré** au rangement du grenier.
Éric prend des notes sur **des feuilles quadrillées**.

4 ▶ Attention aux adverbes qui ne s'accordent pas. Ils sont soulignés dans le corrigé.

une copie <u>très bien</u> **imitée** ; une figue <u>bien</u> **sèche** ; une tâche <u>tout juste</u> **achevée** ; une conversation <u>à peine</u> **audible** ; une émission **digne** d'intérêt ; une excursion <u>vraiment</u> **mouvementée** ; une avenue <u>entièrement</u> **goudronnée**.

8 Reconnaître le verbe

▶ Seules confusions possibles : « rendez-vous » et « inscrits » ; on cherchera la nature de ces mots.

Les clients <u>poussent</u> leur chariot entre les rayons du supermarché.
Malgré le brouillard, les avions <u>décollent</u> sans difficulté.
Pour votre anniversaire, vous <u>réunissez</u> tous vos amis.
Mme Angeli <u>sollicite</u> un rendez-vous auprès de son médecin.
Les services de la météo <u>annoncent</u> l'arrivée d'une vague de froid.
Les chiens <u>flairent</u> la piste du lièvre.
Je <u>vérifie</u> les prix inscrits sur ma note.

Réponses

2 ▶ Les terminaisons des verbes à l'infinitif sont aisées à repérer.

Le candidat <u>réfléchit</u> avant de donner sa réponse.
Tu <u>surestimes</u> ta force et tu ne <u>pourras</u> pas soulever ce meuble.
Les hommes préhistoriques <u>vivaient</u> dans des cavernes qu'ils <u>décoraient</u>.
Rien ne <u>sert</u> de courir, il <u>faut</u> partir à point.
À la vue de la vipère, Flavien <u>pousse</u> un cri et <u>s'enfuit</u> à toutes jambes.
Je <u>fouille</u> mes tiroirs à la recherche du carnet où je <u>note</u> les adresses.

3 ▶

Pour ne pas (éblouir) les autres conducteurs, on <u>doit</u> rouler en code.
Le bébé <u>sourit</u> pour (essayer) d'(attendrir) ses parents.
L'entraîneur <u>place</u> un tapis pour (amortir) la chute des perchistes.
Ce magicien <u>croit</u> (détenir) le secret de la transformation du plomb en or.
Avant de les (distribuer), César bat les cartes.
Jérémie <u>prend</u> un cachet pour (calmer) son mal de tête.

4 ▶

Les mauvaises herbes <u>ont envahi</u> les pelouses du parc. → **envahir**
Les douaniers <u>ont vérifié</u> le contenu du coffre de la voiture. → **vérifier**
J'<u>ai juré</u> de ne jamais toucher une cigarette. → **jurer**
Picasso <u>a peint</u> un nombre impressionnant de tableaux. → **peindre**
La chèvre de monsieur Seguin <u>a lutté</u> toute la nuit contre le loup. → **lutter**
Des milliers de personnes <u>ont manifesté</u> dans les rues de Brest. → **manifester**

9 Les groupes de verbes

Les exercices de la séquence 9 concernent les groupes des verbes. Lorsqu'on sait que ces derniers représentent le quart des mots d'un discours ou d'un écrit, on comprend l'importance de l'étude de la conjugaison. Le classement des verbes en trois groupes permet d'aborder plus aisément ce domaine très complexe.
Sur les 1 122 verbes les plus fréquents :
– 852 appartiennent au 1er groupe ;
– 89 appartiennent au 2e groupe ;
– 181 appartiennent au 3e groupe ;
mais ces derniers constituent 64 % des verbes à fréquence élevée, d'où notre souci de retenir l'étude de tous ces verbes aux conjugaisons particulières.

1 ▶ On ne rencontre que quatre terminaisons : « -er », « -ir », « -oir » et « -re ».

tond-re ; serv-ir ; viv-re ; tradui-re. ; pens-er. / charm-er ; naît-re ; recev-oir ; hésit-er
maigr-ir. / peind-re ; étern-uer ; enfl-er ; éblou-ir. ; sonn-er. / recul-er ; fond-re ; pivot-er
connaît-re ; prév-oir / fleur-ir ; boi-re ; ralent-ir ; pilot-er ; asse-oir.

Réponses

2 ▸ *Familiarisation avec les verbes pronominaux. La terminaison « -er » est caractéristique des verbes du 1ᵉʳ groupe.*

se lasser ; s'animer ; se loger / se coucher ; se jeter.
s'inspirer ; se priver / se creuser ; se ruiner ; s'isoler.

3 ▸ *La forme en « -issant » permet de reconnaître les verbes du 2ᵉ groupe.*

accomplir → **accomplissant** ; élargir → **élargissant** ; noircir → **noircissant** ;
frémir → **frémissant**.
vernir → **vernissant** ; ravir → **ravissant** ; aboutir → **aboutissant**.
vomir → **vomissant** ; engloutir → **engloutissant** ; gémir → **gémissant**.
réfléchir → **réfléchissant** ; mûrir → **mûrissant** ; avertir → **avertissant**.
jaillir → **jaillissant** ; unir → **unissant**.

4 ▸ *Dans la 3ᵉ phrase, ne pas confondre un verbe pronominal (« s'écrouler ») avec un verbe précédé d'un pronom personnel (« m'étonner »).*

Stéphanie ne supporte vraiment pas l'odeur du cigare. → supporter (1ᵉʳ groupe).
En Afrique, certains insectes ravagent des contrées entières. → ravager (1ᵉʳ groupe).
Que la tour de Pise ne s'écroule pas, cela m'étonnera toujours. → s'écrouler (1ᵉʳ groupe) / étonner (1ᵉʳ groupe).
Cette maison paraissait plus grande que les autres. → paraître (3ᵉ groupe).
Le traîneau est tiré par six chiens esquimaux. → tirer (1ᵉʳ groupe).
Le public applaudit le groupe de raï pendant cinq bonnes minutes. → applaudir (2ᵉ groupe).
M. Hugues a placé ses économies à la Caisse d'Épargne. → placer (1ᵉʳ groupe).
Les panneaux interdisent le stationnement dans cette rue. → interdire (3ᵉ groupe).

10) Les pronoms personnels

▸ *Les indices sont suffisamment explicites pour éviter les erreurs.*

Nous habitons au fond de l'impasse des Capucins.
Elles choisissent avec beaucoup de soin les robes qu'elles vont porter ce soir.
Elle est entrée à la maternité pour mettre au monde son troisième enfant.
Vous gardez votre sang-froid en toutes occasions ; c'est bien.
Ils portent une belle moustache noire ; on dirait les Dupont-Dupond.
Tu te réjouis à l'idée de rencontrer tes amis.
Il se rase tous les matins avec beaucoup de soin.

▸ Si on ne les arrose pas, **elles** ne germeront jamais.
Elle ne sort de la ruche que pour son vol nuptial.
Avec une calculatrice, **il** est facile à trouver.
Elle plaît à toute la famille qui la regarde chaque mercredi.
Ils doivent être triés pour éviter qu'**ils** polluent.

Réponses

3 ▶ *Il est impératif de bien saisir le sens des phrases.*
Qu'il est timide, dit Samantha en parlant de (Jimmy).
Nous acceptons, répondent en chœur (Teddy) et (Juan) à Xavier.
Aimez-vous la musique ? demande Solène à (Farida).
Qu'elles sont drôles, (Leslie) et (Frida) ! pense Clémence.
Sais-tu jouer de la guitare ? demande Térence à (Kelly).

4 ▶ **La** visite de l'exposition dure au moins deux heures.
Il (**Elle**) visite l'Espagne et le Portugal pendant le mois de juin.
Le voyage débute par une randonnée dans la forêt vosgienne.
Il (**Elle**) voyage avec toute sa famille, comme d'habitude.
Le murmure est léger ; on ne l'entend qu'à peine.
Il (**Elle**) murmure trois mots entre ses dents et **il** (**elle**) baisse les yeux.

11 Reconnaître le temps d'un verbe

1 ▶ *En oralisant les phrases, le choix des adverbes devient évident.*
Hier, monsieur Dumas a déménagé avec l'aide de ses cousins.
Demain, les prix des légumes frais diminueront peut-être.
Aujourd'hui, nous passons à l'heure d'hiver.
Aujourd'hui, les enfants mangent plus volontiers des fruits que leurs parents.
Hier, il pleuvait trop, alors les randonneurs sont restés au refuge.
Aujourd'hui, en France, on peut voter dès l'âge de dix-huit ans.

2 ▶ *Pour le futur, il n'y a pas d'ambiguïté possible ; pour le passé, on admettra une inversion des réponses pour la 3ᵉ et la 7ᵉ phrase.*
Dans cent ans, les robots travailleront peut-être à la place des hommes.
Ce chantier sera achevé dans un mois, **au plus tard**.
L'été dernier (**Il y a un an**), Carlos est allé en vacances au Portugal, chez ses grands-parents.
La tempête fut violente ; **maintenant** de nombreux débris flottent sur la mer.
Autrefois, les paysans qui appartenaient au seigneur ne quittaient pas leur village.
Le départ du Grand prix sera donné **dans une minute**.
Il y a un an (**L'été dernier**), ces tours n'étaient pas construites ; à leur place il y avait un terrain vague.

3 ▶ Marius a quitté Fanny et il est parti à l'aventure sur les mers du globe.
Les chevaux sauvages galopaient dans les prairies de l'Ouest américain.
La sentinelle ne (relâche) pas sa vigilance ; elle (sursaute) au moindre bruit.
L'alpiniste a présumé de ses forces, il (rebrousse) chemin à mi-course.
(Savez)-vous comment (se nomment) les collectionneurs de pièces de monnaie ?

Réponses

4 ▶ Les jurés <u>écouteront</u> attentivement la plaidoirie de l'avocat de l'accusé.
Au contact de l'air, ce métal (s'oxyde) très rapidement.
Dans cinquante ans, il ne <u>restera</u> plus d'agriculteurs en zone de montagne.
Comme le soleil (brille), nous <u>prendrons</u> notre petit déjeuner sur le balcon.
Ces garnements (trépignent), car leurs parents ne (cèdent) pas à leurs caprices.

12) Le présent de l'indicatif : verbes du 1er groupe

1 ▶ Je profit(e) des soldes d'hiver. ; Tu profit(es) … ; Louisa profit(e)… ; Nous profit(ons)… ; Vous profit(ez)… ; Les clients profit(ent)…
Je camp(e) au bord de l'eau ; Tu camp(es)… ; Marco camp(e)… ; Nous camp(ons)… ; Vous camp(ez)… ; Mes amis camp(ent)…

2 ▶ *Attention aux formes homophones. Dans chaque groupe de phrases, on remarque un verbe employé au sens figuré.*
Je lui **souffle** la bonne réponse. – Mon adversaire me **souffle** un pion. – Tu **souffles** comme un buffle !
Vous **criez** votre indignation. – Les supporters **crient** pour encourager leur équipe. – Nous **crions** à tue-tête.
Je **traverse** un moment difficile. – Les piétons **traversent** sur le passage protégé. – Nous **traversons** la Manche à bord d'un ferry.

3 ▶ Vous **grattez** les tickets à la recherche du numéro gagnant.
Les chiens **s'ébrouent** en sortant de l'eau.
En toutes circonstances, tu **contrôles** tes réactions.
Le jury du festival **décerne** les prix aux meilleurs films.
Vous ne **supportez** pas la canicule.
Je **réchauffe** mes doigts engourdis près du radiateur.
Nous **rencontrons** des difficultés pour installer le répondeur.
Ce matin, il **gèle** à pierre fendre.
Tu **appelles** ta meilleure amie plusieurs fois par jour.

13) Le présent de l'indicatif : verbes des 2e et 3e groupes

1 ▶ Je **me nourris** de fruits et de légumes. ; Tu **te nourris**… ; Manda **se nourrit**… ; Nous **nous nourrissons**… ; Vous **vous nourrissez**… ; Les végétariens **se nourrissent**…

2 ▶ *Conjugaison de verbes du 2e groupe ; ne pas oublier l'élément « -ss » au pluriel.*
Aujourd'hui, les avions **atterrissent** grâce à un guidage électronique.
Cette colle **durcit** rapidement en séchant.

Réponses

La lave en fusion **engloutit** les maisons bâties sur les flancs du volcan.
Pour entrer plus facilement dans le garage, nous **agrandissons** la porte.
Vous **affranchissez** votre courrier au tarif rapide.

3 ▶ À l'approche du printemps, les premiers bourgeons **apparaissent**.
La famille Vernay **veut** déménager, car sa maison est trop petite.
La mode des tatouages **plaît** aux jeunes.
Nous **détruisons** chaque jour des milliers d'hectares de forêts.
Les icebergs **fondent** à l'approche des courants chauds.
Les habitants de Moirans **élisent** leurs conseillers municipaux.
Les conducteurs d'engins **abattent** un travail colossal.
Des millions d'habitants **meurent** de faim au Soudan.

4 ▶ *Vous devez passer ici de la voix passive à la voix active. Au passif, le présent est un temps composé.*

De solides digues **contiennent** les flots tumultueux.
Les agriculteurs bretons **répandent** des tonnes d'engrais.
De légères toiles en plastique **recouvrent** les vergers de la vallée.
Cet ordinateur surpuissant **résout** les problèmes les plus ardus.
Quelques personnes **détiennent** ce lourd secret.

5 ▶ *Nous donnons les deux formes pour le verbe « s'asseoir ».*

Je **sers** les invités et je **m'assois** (**m'assieds**) à *mon* tour.
Tu **sers** les invités et tu **t'assois** (**t'assieds**) à *ton* tour.
Patrick **sert** les invités et il **s'assoit** (**s'assied**) à *son* tour.
Vous **servez** les invités et vous **vous assoyez** (**vous asseyez**) à *votre* tour.
Les employés **servent** les invités et ils **s'assoient** (**s'asseyent**) à *leur* tour.

14) L'accord du verbe et du sujet

Les exercices de la séquence 14 traitent d'un point fondamental : l'accord du verbe avec son sujet. La correction de tout écrit repose d'abord sur la maîtrise de cette relation. Le problème est moins aigu à l'oral car les variations sont moins fréquentes.
Dans de nombreux cas, le sujet fait l'action, mais il arrive que le sujet subisse l'action, ou qu'il n'y ait pas d'action mais simplement un état. C'est pourquoi, pour bien identifier le sujet (ou le nom principal du groupe sujet), vous ne devez pas oublier de poser la question « Qui est-ce qui ? » ou « Qu'est-ce qui ? ».

1 ▶ (Les pêcheurs), attentifs à leur bouchon, **se préparent** à ferrer les poissons.
Souvent, (l'imagination) de certains journalistes **embellit** la réalité.

Réponses

- (L'équipe) des moniteurs **prépare** l'installation des jeunes arrivants.
- (Les feux) tricolores du carrefour Parmentier ne **fonctionnent** pas.
- (Les plages) de la côte vendéenne **s'étendent** à perte de vue.
- Pour Noël, (les commerçants) de la rue **décorent** leurs vitrines.

2 ▶ Ces jeunes chiots **s'habituent** à leurs nouveaux maîtres.
Les notes du bas de la page **précisent** le sens de la dernière phrase du texte.
Ces compresses **apaisent** l'irritation provoquée par les piqûres de moustiques.
Les radars automatiques **contrôlent** la vitesse de tous les véhicules.
Ces magazines de grande diffusion **se spécialisent** dans les reportages populaires.
Les accidents de la circulation **provoquent** des encombrements importants.

3 ▶ *Deux difficultés sur la conjugaison des verbes « naître » et « apparaître » pour lesquels il faut bien placer l'accent circonflexe de la 3ᵉ personne. Vous pouvez consulter les tableaux de conjugaison (pp. 153 à 168).*

L'émission débute. – Les clients sortent. – Des malades souffrent. – Une vocation naît. – Des carottes cuisent.
Des sauterelles attaquent. – Des admirateurs attendent. – Le plancher craque. – Un fantôme apparaît. – Les participants courent.

4 ▶ *Les sujets sont inversés dans trois phrases.*

Les aventures de Tarzan **captivent** les jeunes lecteurs.
Les derniers événements **compliquent** singulièrement la situation.
Les places qu'**occupent** ces véhicules leur sont réservées.
Au crépuscule, **s'allument** les lampadaires de la vieille ville.
La deuxième couche de peinture **accentue** la couleur.
Joyce et son amie **bénéficient** d'un billet à tarif réduit.
La partie que **disputent** les Niçois **donne** lieu à un beau spectacle.
Cette chaussée, sous l'effet du gel, **commence** à se dégrader.

15 Le passé composé

▶ *Application des règles de formation du passé composé. Attention aux accords des deux verbes conjugués avec l'auxiliaire « être » (voir séquence 16, pp. 38-39).*

J'ai acheté du pain ; tu as acheté… ; il a acheté… ; nous avons acheté… ; vous avez acheté… ; elles ont acheté…
Je suis entré(e) rapidement ; tu es entré(e)… ; elle est entrée… ; nous sommes entré(e)s… ; vous êtes entré(e)s… ; ils sont entrés…
J'ai fermé les volets ; tu as fermé… ; on a fermé… ; nous avons fermé… ; vous avez fermé… ; ils ont fermé…
Je me suis levé(e) tôt ; tu t'es levé(e) tôt ; il s'est levé tôt ; nous nous sommes levé(e)s tôt ; vous vous êtes levé(e)s tôt ; elles se sont levées tôt.

Réponses

2 ▸ En regardant ce film, les spectateurs **ont** beaucoup **ri**.
Un incident technique **est survenu** au début de la projection.
Tu **t'es enfermé(e)** pour lire tranquillement ce roman policier.
Nous **sommes reparti(e)s** après avoir obtenu le certificat demandé.
Vous **avez suivi** un régime draconien et vous **avez maigri** rapidement.
L'automobiliste **a ralenti** lorsqu'il **a traversé** le village.

3 ▸ Ces meubles **ont appartenu** à un célèbre antiquaire.
J'**ai mis** quelques gouttes de fleur d'oranger dans la pâte à crêpes.
Tu **as réparti** les cartes entre tous les joueurs.
Justine **a prévu** l'achat d'un baladeur.
Stéphane **est passé** chercher ses camarades pour disputer une partie de foot.
Comme il **a neigé**, il **a fallu** placer les chaînes sur les roues de la voiture.

4 ▸ *Se reporter à la séquence 16 (pp. 38-39) puisque trois verbes sont employés avec l'auxiliaire « être » ; deux accords seulement (un sujet au masculin singulier).*

Vous **avez réussi** à tuer les virus qui se trouvaient dans cet ordinateur.
Les touristes japonais **sont arrivés** au musée d'Orsay en autobus.
Parce qu'elle craint le froid, Marianne **a pris** un bonnet de laine.
Après ses études, Laurent **est devenu** caissier dans une banque.
Tous les passagers **sont descendus** et l'autobus est vide ; il reste le chauffeur !
En fermant la porte, je m'aperçois que j'**ai oublié** mes clés à l'intérieur.

5 ▸ *Le participe passé de « maudire » prend un « -t » final.*

Je **me suis assis(e)** au bord du bassin et j'**ai lancé** du pain aux cygnes.
Tu n'**as** pas **gagné** le gros lot et tu **as maudit** le sort contraire.
Vous **avez obtenu** un délai de réflexion avant de confirmer votre accord.
Le trappeur **a délivré** un petit renard pris au piège.

16 Le participe passé employé avec être

1 ▸ Les enfants de Mme Devaux **sont nés** à la maternité de Vichy.
À la recherche de mes clés, je **suis retourné(e)** sur mes pas.
Pleins d'espoir, ces Maliens **sont venus** travailler en France.
Ces jeunes gens **se sont engagés** dans la Légion étrangère.
En choisissant de tourner à gauche, vous **vous êtes trompé(e)s** de direction.
Mes sœurs **se sont vexées** parce que nous n'aimions pas leur coiffure.
À Istanbul, Mme Degalle **s'est hasardée** dans les ruelles du Bazar.

Réponses

2 ▶ *La transformation fait uniquement apparaître des verbes pronominaux qui s'emploient donc avec l'auxiliaire « être ».*

Les chats **se sont léchés**. – Les habitants **se sont organisés**. – Nous **nous sommes défendu(e)s**. – Les rescapés **se sont adaptés**.
M. Darmon **s'est protégé**. – Je **me suis inscrit(e)**. – Mme Clerc **s'est peignée**. – Vous **vous êtes parfumé(e)s**.

3 ▶ *Certains verbes sont au passé composé (« est descendue » – « est devenue » – « sont morts » – « se sont classées »), mais d'autres sont à la voix passive (« sont ouverts » – « seront inondés » – « sont isolés » – « sont terminés »). Exercez-vous à repérer les voix passives.*

Les principaux musées de Paris sont **ouverts** le dimanche.
Pauline est **descendue** jouer dans le jardin public avec ses amies.
Si l'eau monte encore, les champs seront **inondés**.
La liaison aérienne Nice-Londres est **devenue** régulière.
Ces oiseaux sont **morts** englués dans la nappe de pétrole.
Anne et Karine se sont **classées** aux deux premières places.
Les fils électriques sont soigneusement **isolés**.
Les travaux sont **terminés** depuis une semaine.

4 ▶ *Les routiers* **se sont restaurés** au relais de la Croix-Blanche.
En sortant en mer malgré la tempête, *ces navigateurs amateurs* **se sont ridiculisés**.
Les bulldozers **sont parvenus** à dégager la terre déposée par le torrent en crue.
Ces téléphones portables **sont reliés** en permanence au réseau.
Ces propositions de loi **sont adoptées** par l'ensemble des députés.
Ces morceaux de viande **sont conservés** au congélateur.

17 Ne pas confondre a et à

Pour la séquence 17, nous n'avons pas mentionné dans la règle proposée les deux homophones « as » et « ah ».
Le premier est une autre forme du verbe « avoir » ; il suffit de se souvenir qu'à la 2ᵉ personne du singulier pratiquement tous les verbes prennent un « s ».
Le second est rare dans les écrits habituels.

▶ *La substitution possible de « a » par une autre forme du verbe « avoir » apparaît nettement.*

Tu **as** mangé un œuf à la coque. ; Lazare **a** mangé un œuf à la coque. ; Nous **avons** mangé un œuf à la coque. ; Vous **avez** mangé un œuf à la coque. ; Mes sœurs **ont** mangé un œuf à la coque.

Réponses

Tu **as** repassé des chemises. ; Claudie **a** repassé des chemises. ; Nous **avons** repassé des chemises. ; Vous **avez** repassé des chemises. ; Les couturières **ont** repassé des chemises.

2 ▶ Heureusement que Patrick n'**a** parlé de cette affaire à personne.
Le randonneur **a** de quoi se restaurer en chemin.
Le gardien de l'immeuble **a** vérifié le bon fonctionnement de l'ascenseur.
Ce rapide croquis m'**a** aidé à déterminer la direction à suivre.
Le plombier **a** pu réparer la vidange de la baignoire.

3 ▶ Ce peintre est habile **à** manier le pinceau ; il **a** (*avait*) exécuté trois toiles de qualité.
Cette proposition est **à** prendre ou **à** laisser ; c'est **à** vous de décider.
Le journaliste **a** (*avait*) rédigé avec sérieux l'article qu'il **a** (*avait*) remis **à** sa direction.
Dans le virage, le camion se mit **à** déraper et il **a** (*avait*) terminé dans le fossé.
Incroyable, **à** tout instant tu ne penses qu'**à** te disputer avec tes voisins !
On trouve de tout dans ce placard **à** balais, sauf des balais !

4 ▶ *Vous pouvez chercher le sens des expressions dans un dictionnaire.*
Ces hommes d'affaires ont déjeuné **en tête à tête**.
Le comte de Monte-Cristo était **à la tête** d'une immense fortune.
Cet artiste **a** chanté **à tue-tête**. – Julien n'en **a** fait qu'**à sa tête**.
Armand Dumond **a** réussi à se porter **à la tête du peloton**.
Farida **a** étudié ce problème **à tête reposée**.

18 Ne pas confondre est et et

Pour la séquence 18, nous n'avons pas mentionné dans la règle proposée l'homophone « es » qui est une autre forme du verbe « être » ; il suffit de se souvenir qu'à la 2ᵉ personne du singulier pratiquement tous les verbes prennent un « s ». Il y a aussi un nom : la « haie ».

1 ▶ *La substitution de « est » par une autre forme du verbe « être » apparaît nettement.*

Je **suis** en voyage ; tu **es** en voyage ; il **est** en voyage ; nous **sommes** en voyage ; vous **êtes** en voyage ; elles **sont** en voyage.
Je **suis** dans le doute ; tu **es** dans le doute ; il **est** dans le doute ; nous **sommes** dans le doute ; vous **êtes** dans le doute ; elles **sont** dans le doute.
Je **suis** en colère ; tu **es** en colère ; il **est** en colère ; nous **sommes** en colère ; vous **êtes** en colère ; elles **sont** en colère.
Je **suis** au rendez-vous ; tu **es** au rendez-vous ; il **est** au rendez-vous ; nous **sommes** au rendez-vous ; vous **êtes** au rendez-vous ; elles **sont** au rendez-vous.

Réponses

2 ▶ ***Dans certains cas, la substitution de « et » par « et puis » est artificielle.***

L'horodateur **est** (*était*) en panne, **et** (*et puis*) M. Bondy n'a pas son ticket de stationnement.
Après l'orage, la route **est** (*était*) inondée **et** (*et puis*) les véhicules circulent avec difficulté.
L'émission **est** (*était*) interrompue par des messages publicitaires.
Manifestement, la réponse **est** (*était*) fausse **et** (*et puis*) tu devras reprendre tous les calculs.
Le supermarché **est** (*était*) ouvert jusqu'à vingt **et** (*et puis*) une heures.
Le guide **est** (*était*) d'accord pour nous montrer le passage secret du château.

3 ▶ ***Ne pas oublier les accords entraînés par le passage au singulier des noms.***

Le *nageur* **est** prêt et il attend le signal du départ du 100 mètres.
La *charnière* **est** en mauvais état et la *porte* **est** difficile à fermer.
Ce *livre* **est** couvert avec du papier transparent.
L'*escalier* roulant **est** en réparation ; il faut monter à pied.
Un *tableau* de Paul Klee **est** exposé dans une galerie de la rue Childebert.
Le *texte* **est** écrit en cyrillique et il est difficile à traduire.

4 ▶ Sébastien **est** (*était*) inscrit pour le cross **et** (*et puis*) il compte se classer parmi les premiers.
Mon frère **est** (*était*) parti travailler en Bretagne **et** (*et puis*) nous ne le voyons que rarement.
La viande **est** (*était*) présentée avec des haricots verts **et** (*et puis*) des tomates provençales.
La banque **est** (*était*) fermée pendant tout le week-end.
Le courrier **est** (*était*) trié en fin de journée **et** (*et puis*) distribué le matin suivant.

5 ▶ ***On peut noter que les adjectifs qualificatifs qui étaient épithètes avant la transformation sont devenus attributs. Néanmoins, l'accord se fait toujours avec le nom.***

Le film **est** long **et** ennuyeux. – La parole **est** timide **et** inaudible. – L'animal **est** cruel **et** sanguinaire. – Le récit **est** court **et** mouvementé. – Le domaine **est** vaste **et** cultivé. – L'appartement **est** banal **et** meublé. – Le parfum **est** subtil **et** envoûtant. – Le monument **est** ancien **et** délabré.

19) Ne pas confondre *ont* et *on*

La séquence 19 aborde le remplacement de « nous » par « on » pour désigner plusieurs personnes. Pour éviter d'inévitables confusions, nous recommandons de ne pas accorder le participe passé lorsque le sujet est « on ».

1 ▶ **On** (*il*) remplacera les tables qui **ont** (*avaient*) besoin d'être réparées.
On (*il*) préfère de beaucoup vivre avec des gens qui **ont** (*avaient*) le sens de l'humour.
Les vents **ont** (*avaient*) fait des dégâts ; **on** (*il*) sera privé d'électricité pendant deux heures.
Quelquefois, **on** (*il*) prétend que les astres **ont** (*avaient*) une influence sur notre vie.
On (*il*) sait ce que l'**on** (*il*) quitte, mais **on** (*il*) ne sait pas ce que l'**on** (*il*) aura.
Les programmes qui **ont** (*avaient*) un numéro de code, **on** (*il*) ne peut pas les copier.

Réponses

2 ▶ *Substitution de la forme « ont » par la forme « avaient ». Attention : les participes passés employés avec l'auxiliaire « avoir » ne s'accordent pas avec les sujets.*

Les *chirurgiens* **ont** greffé un morceau de peau sur le bras du brûlé.
Ces *objets* **ont** de la valeur, on en prendra le plus grand soin.
Les *hockeyeurs* **ont** des patins neufs ; on pense qu'*ils* **seront** plus rapides.
Les *consommateurs* **ont** protesté contre la mauvaise qualité des aliments.
Les *bâches* **ont** protégé le podium ; on a pu assister à la fin du concert.
Les *puces* électroniques **ont** révolutionné notre mode de vie.

3 ▶ Les baleines **ont** (*avaient*) une vie aquatique, et **on** (*il*) croit parfois que ce sont des poissons.
Mes cousins **ont** (*avaient*) raconté des histoires drôles toute la soirée ; **on** (*il*) a bien ri.
Avec ces autobus, les handicapés **ont** (*avaient*) la possibilité de monter sans difficulté.
On (*il*) ne jette plus de déchets n'importe où ; **on** (*il*) les trie et **on** (*il*) essaie de les recycler.
Lorsqu'**on** (*il*) prépare ses valises, les soucis quotidiens n'**ont** (*avaient*) plus d'importance.
Ces rochers **ont** (*avaient*) gardé des traces de la dernière marée noire.

4 ▶ *Attention au verbe « projeter » qui double le « t » devant un « e » muet.*

Si **on** tend bien l'oreille, **on** entendra le chant du rossignol.
Dans le gymnase, **on** a installé trois tables de ping-pong.
On projette un voyage en Suisse, mais **on** n'a pas assez d'argent.
On a allumé le barbecue et **on** a fait griller des merguez.
Après l'atterrissage, **on** a poussé un *ouf* de soulagement.
On a surfé sur Internet, mais **on** n'a pas trouvé l'information.

20 Ne pas confondre **sont** et **son**

1 ▶ *Accord des attributs (« têtu » – « rond ») ou des participes passés (« couvert » – « sollicité »). Veillez à la modification du déterminant possessif « son » → « leur ».*

On dit que les *ânes* **sont** têtu**s**, mais on parle peu de **leur** ardeur au travail.
Les *chamois* **sont** heureux de vivre dans la montagne, c'est **leur** domaine.
Les *ballons* de rugby ne **sont** pas rond**s**, savez-vous pourquoi ?
Au plus fort de l'hiver, les *toits* **sont** couvert**s** de neige.
Ces *médecins* **sont** de garde en fin de semaine ; ils **sont** beaucoup sollicité**s**.
Les *journalistes* **sont** à la recherche d'un sujet de reportage.

2 ▶ Comme on fait **son** (*mon*) lit, on se couche.
Les cimetières **sont** (*étaient*) remplis de gens qui se **sont** (*s'étaient*) crus indispensables.
Le Doubs est sorti de **son** (*mon*) lit, les prairies **sont** (*étaient*) inondées.
Tintin et **son** (*mon*) chien Milou **sont** (*étaient*) allés sur la Lune bien avant les Américains.
Quelles **sont** (*étaient*) les compétitions sportives inscrites aux Jeux olympiques ?
Les nuits polaires **sont** (*étaient*) toujours glaciales, quelle que soit la saison.
M. Morange sort **son** (*mon*) carnet de chèques pour régler **son** (*mon*) achat.

Réponses

3 ▶ *Les substitutions se font dans les deux sens, soit déterminant possessif pluriel → « son », soit « son » → déterminant possessif pluriel. Attention à l'accord des adjectifs. Notez aussi le passage de la forme singulier « est » à la forme pluriel « sont », et inversement.*

J'écoute Amélie car **son** conseil **est** judicieu**x**.
Ce perroquet est magnifique ; **ses** plumes **sont** colorée**s**.
Erwan repasse **son** pantalon avec soin.
Justin s'entraîne avec ténacité ; **ses** adversaires **sont** admiratif**s**.
Des jeunes gens **sont** au pied de l'immeuble.
Des désagréments **sont** à craindre si vous continuez à travailler ainsi.

4 ▶ Les chercheurs d'or **se sont enrichis** en quelques semaines.
Les choses **se sont** bien **arrangées** pour M. Marmier ; il **a retrouvé son** emploi.
Les jeunes mariés **sont allés** chez le photographe juste après la cérémonie.
Les routiers **sont arrivés** au Marché de Rungis ; certains **sont restés** plusieurs heures.
Dès neuf heures, les clients **sont entrés** dans la supérette avec leur caddie.
Après le tremblement de terre, les sinistrés **se sont organisés** petit à petit.
Les cosmonautes **sont partis** à l'heure ; le décollage **s'est déroulé** sans incident.

21) Les mots invariables

1 ▶ *Le sens impose le choix ; il n'y a pas d'ambiguïté.*

L'haltérophile soulève une barre de cent kilos ; il est vraiment **très** fort.
L'échelle est appuyée **contre** le mur ; tu ne risques **rien**, je la tiens **bien**.
M. Bérard se dirige **vers** les caisses, il se demande **pourquoi** il y a **autant** de monde.
Lorsque vous êtes malade le dimanche, il faut appeler le médecin de garde.
Pour les musiciens de rock, le rythme est une seconde nature.

2 ▶ Line n'achètera pas son pain **parce que** la boulangerie est fermée.
M. Barrel réparera la tondeuse **quand** il aura un moment de libre.
Rémi n'aime pas les poireaux en salade, il préfère **plutôt** les asperges.
Joachim et Rudy partiront en vacances **ensemble**.
Aurez-vous **assez** de peinture pour terminer le travail ?
Au Sahara, il ne pleut **jamais** et l'herbe est **plus** rare que le sable.

3 ▶ L'escrimeur tient **fermement** son épée, il ne tremble pas.
Le satellite de télécommunication a **mystérieusement** disparu.
Pour conduire ce camion, il faut **obligatoirement** posséder un permis poids lourds.
M. Gallet se rendra **prochainement** en Russie.
Si vous déplacez **doucement** le meuble, vous éviterez de le rayer.

Réponses

4 ▶ *Ces proverbes sont bien connus ; pour le dernier on admettra plusieurs réponses.*

On ne fait pas d'omelette **sans** casser des œufs.
On a **toujours** besoin d'un plus petit **que** soi.
Il n'y a que les montagnes qui ne se rencontrent **jamais**.
Entre deux maux, il faut choisir le moindre.
Il faut tourner sept fois sa langue dans sa bouche **avant** de parler.
Il faut battre le fer **pendant (quand – lorsqu'il)** qu'il est chaud.

22) Les accents

Les exercices de la séquence 22 sont consacrés aux accents. Ceux-ci ne furent introduits en français qu'au début du XVIe siècle. Dans la langue actuelle, ce sont des signes qui empêchent la confusion entre certains mots. Leur absence dans un texte en ralentit considérablement la lecture.

1 ▶ *Simple repérage visuel qui impose une attention particulière aux accents ; c'est une première prise de conscience de leur importance.*

Accent aigu : **é**pais ; r**é**unir ; p**é**nible ; **é**norme ; la moiti**é**.
Accent grave : la pi**è**ce ; la l**è**vre ; le probl**è**me ; apr**è**s ; le gruy**è**re.
Accent circonflexe : pr**ê**ter ; la temp**ê**te ; la for**ê**t ; la b**ê**tise ; le v**ê**tement.
Pas d'accent : un carn**e**t ; l'h**e**rbe ; la vaiss**e**lle ; une crev**e**tte ; la t**e**rre.

2 ▶ *Quels que soient la région et son accent particulier (non-distinction du « e » ouvert et du « e » fermé), l'oralisation permet de retrouver les « e » muets et les « e » avec accent aigu.*

le r**é**veil ; un d**é**tail ; une l**é**gend**e** ; l'**é**tude.   la r**é**citation ; le r**e**gard ; d**e**main ; le d**é**but.
le m**é**d**e**cin ; la v**é**rit**é** ; l'**é**col**e** ; une **é**quipe.   le r**é**gime ; une h**é**lice ; le d**é**sert ; la vari**é**t**é**.

3 ▶ *Même remarque que pour l'exercice 2, sur l'oralisation des mots.*

la m**è**re ; une sali**è**re ; une fl**è**che.   le r**e**ste ; la cr**è**me ; une **e**xcuse.
la sc**è**ne ; la panth**è**re ; le d**e**ssin.   la rivi**è**re ; l'ann**e**xe ; le s**e**cteur.

4 ▶ *Même remarque que pour l'exercice 2, sur l'oralisation des mots.*

la conqu**ê**te ; g**ê**nant ; un b**e**c.   b**ê**cher ; int**e**rvenir ; tr**e**sser.
une om**e**lette ; v**e**rnir ; la saut**e**relle.   la cr**ê**te ; honn**ê**te ; m**ê**me.

Réponses

5 ▸ Près des raffineries de pétrole, l'atmosphère est souvent polluée.
Le médecin examine le malade avant d'émettre son diagnostic.
Le succès obtenu par cet acteur est vraiment sans précédent.
Au début de l'été, la grêle a ravagé la majorité des champs de blé.
Le mécanicien a versé un litre d'antigel dans le moteur.

6 ▸ un tableau ; un bateau.
le théâtre ; verdâtre.
la hache ; la bâche.
le dîner ; la boîte.
la clôture ; le côté.

23) Les consonnes doubles

Pour les exercices de la séquence 23, la présence de lettres accentuées permet d'éviter parfois le recours au dictionnaire puisqu'une consonne n'est jamais doublée après une voyelle accentuée. Il en est de même lorsque la consonne suit ou précède une autre consonne (sauf pour « l » et « r »).

1 ▸ le ballon ; le balai ; le baladeur ; la balafre ; la balance ; le poulet.
le collège ; la colombe ; le colorant ; la collection ; la colline ; une collision.
bouleverser ; rebelle ; un milliard ; le milieu ; la vaisselle ; un bulletin.
la ville ; appeler ; une écuelle ; la pelle ; le domicile ; parallèle.

2 ▸ En été, M. Marlin arrose son jardin tous les soirs.
Ce film est sans intérêt, jouons plutôt aux cartes.
On dit souvent qu'on ne peut pas avoir le beurre et l'argent du beurre.
M. Bouvier interroge son répondeur téléphonique.
Le parrain de Marie la couvre de cadeaux ; elle est heureuse.
Rien ne sert de courir, il faut partir à point.
Un carré a quatre côtés égaux et quatre angles droits.

3 ▸ la sonnette ; la cuvette ; un moteur ; un batteur.
la grotte ; la carotte ; un visiteur ; une lettre.
l'assiette ; le château ; une goutte ; regretter.
gratter ; la lutte ; un lutin ; se blottir.

4 ▸ La reine d'Angleterre porte sa couronne dans les grandes occasions.
Les chèvres sont affolées par le tonnerre qui gronde.

Réponses

Simon a cassé sa raquette de te**nn**is en frappant le filet.
Le télépho**n**e portable co**nn**aît une expa**n**sion exceptio**nn**elle.
Claire a toujours porté des lu**n**ettes ; elle est myope.

5 ▶ su**pp**rimer ; une enve**l**o**pp**e ; une gra**pp**e ; un a**pp**ui.
le sou**p**er ; le cha**p**eau ; s'écha**pp**er ; l'hô**p**ital.
apercevoir ; **app**rendre ; une soucou**p**e ; la ré**p**étition.
un cale**p**in ; le na**pp**eron ; la gri**pp**e ; attra**p**er.

24 Les noms féminins terminés par le son (é)

1 ▶ *Attention aux modifications possibles des noms donnés en référence : « le poing → la poignée » – « le cheval → la chevauchée ».*

La **poignée** de la porte est bloquée ; je ne peux pas entrer.
Les cow-boys se sont lancés dans une **chevauchée** fantastique.
Baptiste apporte une **brassée** de lilas à son amie Madeleine.
En fin de **soirée**, nous regarderons un film de science-fiction.
Le boulanger travaille la nuit et dort une partie de la **journée**.
Les tables de la **rangée** du milieu ont été changées.
Le fils de M. Godin s'est engagé dans l'**armée** de l'air.

2 ▶ l'entrée ; l'échappée / la durée ; la plongée / la coulée ; la pincée / la fumée ; la mêlée.

3 ▶ *Pour éviter les erreurs, la vérification de l'orthographe des noms dans un dictionnaire est indispensable.*
Les formes féminines en « -té » sont nombreuses, environ huit cents noms ; celles en « -tié » sont au nombre de quatre : « l'amitié – la pitié – la moitié – l'inimitié ».

la **loyauté** d'un ami ; la **beauté** d'un paysage ; l'**agilité** d'un singe ; la **clarté** d'une explication.
la **pauvreté** d'un pays ; la **nervosité** d'un concurrent ; la **fermeté** d'une position ; la **curiosité** d'un détective.

4 ▶ une flamb**ée** de colère ; une fricass**ée** de volaille ; une envol**ée** de moineaux.
une id**ée** de voyage ; une bouff**ée** de chaleur ; une bouch**ée** de pain.
une dict**ée** de mots ; la jet**ée** du port ; une sant**é** de fer.

5 ▶ l'identit**é** ; la mosqu**ée** ; la saign**ée** ; la ros**ée** ; la beaut**é**.
la gravit**é** ; la sécurit**é** ; la mar**ée** ; la gel**ée** ; la tranquillit**é**.
la cl**é** (la clef) ; la destin**ée** ; l'autorit**é** ; la chauss**ée** ; la port**ée**.
la charit**é** ; la tranch**ée** ; la vanit**é** ; la gorg**ée** ; la mendicit**é**.

Réponses

25 Le son (s) : s, ss, c, ç ou t

1 ▸ Le recours au dictionnaire n'est pas indispensable puisque la règle est claire : le « s » n'est doublé que lorsqu'il est placé entre deux voyelles ; il suffit d'examiner l'environnement de la lettre.

une caisse ; un costume ; la poste ; un bassin.
un castor ; une casserole ; rustique ; un biscuit.
une tasse ; une classe ; disputer ; la cuisson.
un massage ; une cascade ; un hussard ; brusquement.

2 ▸ En ancien français, avant l'introduction de la cédille, on plaçait un « e » après le « c » lorsqu'on voulait conserver le son (s) devant les voyelles « a », « o », « u ». L'ancienne forme n'est maintenue que dans le mot « douceâtre ».

la balançoire ; la balance ; la France ; un Français.
la façon ; merci ; un caleçon ; un soupçon.
une fiancée ; les fiançailles ; un aperçu ; apercevoir.
tracer ; le traçage ; grincer ; grinçant.

3 ▸ Cet exercice permet de mémoriser, par simple copie, l'orthographe de mots particulièrement difficiles mais dont l'usage est courant ; il est donc indispensable d'en connaître l'orthographe.
Dans la pratique, l'écriture « sc » n'existe que dans à peine 2 % des mots dans lesquels on entend le son (s).

Après avoir examiné le malade, le **médecin** rédige son **ordonnance**.
Lorsqu'elle a remporté sa médaille d'or, Laure n'était encore qu'une **adolescente**.
Pour son **anniversaire**, Christine a réuni ses amis autour d'un barbecue.
Votre **sandwich**, vous le voulez au jambon ou au **saucisson** ?

4 ▸ Vous pouvez, éventuellement, consulter un dictionnaire pour quelques difficultés : « la sensation » – « l'adoption » – « la traduction ».

la cotisation ; l'agitation ; la vaccination.   la déviation ; la sensation ; la répétition.
la respiration ; l'adoption ; l'invitation.   la formation ; la traduction ; l'habitation.

5 ▸ L'emploi du dictionnaire est impératif, car aucune règle fiable ne peut être dégagée.

un as de trèfle ; une passe précise ; un cassis à l'eau ; un humus fertile.
une vis sans fin ; une crosse de fusil ; un blocus économique ; une oasis de paix.
un virus mortel ; une écrevisse rose ; un os du crâne ; une bosse au front.

6 ▸ fluorescent ; indécent ; desserrer ; descendre ; la discipline ; la dissimulation ; l'ascenseur ; l'assemblée.

Réponses

26 Le son (gue) : *g, gg* ou *gu*

1 ▶ *Il suffit de bien observer la voyelle qui suit le son (gue) pour trouver la bonne graphie.*

la va**gu**e ; **g**ourmand ; un **g**ant ; **g**oûter ; le ru**g**by ; une fi**gue**.
le **g**arage ; la **gu**imauve ; le **g**âteau ; navi**gu**er ; dé**g**uster ; un **gu**ide.
un **g**osse ; la **g**auche ; re**g**arder ; le **gu**épard ; la lon**gu**eur ; un lé**g**ume.
ré**g**ulier ; le ma**g**asin ; **gu**etter ; ri**g**oler ; le wa**g**on ; li**g**oter.

2 ▶ *Même remarque que pour l'exercice 1.*

le **g**osier ; la **gu**itare ; le **gu**idon ; le **g**azon ; le **g**olf.
des **gu**illemets ; le **g**arçon ; la **gu**eule ; la **g**alerie ; la **g**raine.
la **g**outte ; la **gu**irlande ; la **g**orge ; un **g**obelet ; du **g**oudron.
guérir ; **g**agner ; la **g**alette ; le **g**oulot ; une **g**lissade.

3 ▶ *Les indices donnés permettent de retrouver des noms d'usage courant.*

Les piqûres de **guêpe(s)**, c'est souvent très douloureux.
Pour effacer les traits du crayon noir, Johan utilise une **gomme** spéciale.
Les **bagages** de M. Saunier sont restés dans l'avion.
Il n'y a rien de plus irritant que l'odeur du **cigare** dans une pièce fermée.
Dans les contes de fées, le **dragon** est un animal fabuleux qui crache le feu.

4 ▶ La **langue** chinoise est la plus parlée au monde.
La puéricultrice **lange** le nouveau-né.

Le notaire **gère** les biens des personnes âgées de la maison de retraite.
Dans les villages français, on ne rencontre plus **guère** de forgerons.

Guillaume **mange** plus volontiers son dessert que sa viande.
La **mangue** est un fruit tropical très parfumé.

Les chanteurs des rues s'accompagnaient à l'**orgue** de Barbarie.
Le palefrenier apporte un peu d'**orge** aux chevaux.

27 Les lettres finales muettes

1 ▶ *En retranchant la dernière syllabe (ou les dernières syllabes), vous retrouverez aisément ces mots d'usage courant. Petite difficulté pour « le pied » puisqu'il faut supprimer l'accent aigu de « piédestal ».*

un li**t** ; un toi**t** ; le ven**t** ; un sain**t** ; un pay**s**.
un salu**t** ; un pie**d** ; un cro**c** ; un candida**t** ; le galo**p**.
un gan**t** ; un join**t** ; un chan**t** ; le flo**t** ; le mépri**s**.

Réponses

2 le flanc ; le poignard ; le début ; le retard ; le tricot ; l'arrêt.
le fard ; le suspect ; l'appât ; le rang ; le récit ; le marchand.
le complot ; le respect ; le fracas ; le combat ; le refus ; l'abus.

3 *Lorsque c'est possible, nous donnons en exemple deux mots de la même famille, mais vous pouvez en trouver d'autres.*

les lardons, larder → le **lard** – le champignon, champêtre → le **champ** – le plombier, plomber → le **plomb** – parfumer, la parfumerie → le **parfum**.
l'outillage, outiller → l'**outil** – universel, l'université → l'**univers** – la bourgade, le bourgeois → le **bourg** – progresser, la progression → le **progrès**.
l'échafaudage, échafauder → l'**échafaud** – un concerto ; se concerter → un **concert** – une candidature, une candidate → un **candidat** – cadenasser → le **cadenas**.

4 Les vieux objets s'entassent dans le **débarras** près du garage.
Le **standard** téléphonique est saturé ; il y a dix minutes d'attente.
Pour approcher un **essaim** d'abeilles, il faut bien se protéger.
Comme dessert, le chef pâtissier propose un gâteau de **riz**.
M. Bourdeau prépare lui-même ses **plants** de tomates.
Je me suis coupé et j'ai perdu un peu de **sang**.

28 La lettre m devant b, m ou p

1 *Il suffit de faire attention aux lettres qui suivent « m » ou « n ».*

la confiture ; emmêler ; une tempête ; comparer ; une éponge ; le pompon ; le symbole.
le printemps ; un timbre ; sympathique ; simple ; inviter ; une brindille ; conserver.
le tambour ; le banquet ; le fantôme ; la lanterne ; le pantalon ; le lampadaire ; le triomphe.
trembler ; la vengeance ; la vente ; tremper ; remporter ; emmener ; renverser.

2 *Repérez bien l'orthographe des deux adjectifs « immoral » et « immobile » qui doublent le « m », mais dans lesquels on n'entend pas le préfixe « im- ».*

imprudent ; imbuvable ; inconnu ; incassable ; imprévoyant.
indigne ; impair ; impossible ; invaincu ; invisible.
immangeable ; imprécis ; invendable ; imprévu ; improbable.
incomparable ; insensible ; immobile ; immoral ; insuffisant.

3 une vingtaine → vingt ; le tombeau → la tombe ; nombreux → le nombre ; employer → un emploi.
le compteur → le compte ; exemplaire → un exemple ; enjamber → la jambe ; le plombier → le plomb.
le prince → la princesse ; long → la longueur ; mondial → le monde ; dompter → le dompteur.

4 un pompier ; une ombrelle ; novembre ; important ; emménager ; le remplaçant.

Réponses

29 Le son (k) : c, qu ou k

Les exercices de la séquence 29 concernent le son (k). Pour transcrire ce son, on rencontre l'écriture « c » ou l'écriture « qu » dans 98 % des cas. Malheureusement, il n'est pas toujours facile de déterminer, hormis devant « e » et « i », l'écriture à retenir.

1 ▶ *Quelques difficultés avec les noms d'origine étrangère : « le tank – un fakir – le kimono »…*

curieux ; **c**opier ; une **qu**enelle ; un **k**ilomètre.
un tan**k** ; **qu**el**qu**efois ; la ban**qu**e ; un fa**k**ir.
une **qu**iche ; une **c**uve ; le par**k**ing ; un **c**amarade.
un **c**aillou ; un **k**imono ; le **c**ontrôle ; un élasti**qu**e.

2 ▶ *Simple copie de mots difficiles. On peut essayer de souligner les autres mots dans lesquels on entend le son (k).*

Aux Jeux olympiques, les épreuves de **kayak** et de **canoë** sont très spectaculaires.
Certains mangent leurs frites et leur **bifteck** accompagnés de beaucoup de **ketchup**.
Le Pont du Gard est l'**aqueduc** romain le plus célèbre et le mieux conservé.
Le **koala** ne vit qu'en Australie où il dévore les feuilles d'eucalyptus.
La richesse de la Nouvelle-Calédonie, c'est le **nickel**.
Le pilote s'installe dans le **cockpit** ; le décollage est proche.

3 ▶ *Les indices donnés devraient permettre de retrouver facilement les noms.*

Comme il fait froid, Farid se réfugie sous sa **couette** pour dormir au chaud.
Les motos se faufilent au milieu du **trafic** automobile.
Tous les prix sont notés sur les **étiquettes** ; les **clients** peuvent ainsi choisir.
Le **pronostic** était le bon, ce sont les Polonais qui se sont imposés.
Le vrai **camembert** est fabriqué en Normandie.

4 ▶ *Attention à l'accord pluriel : « les cars ».*

Chaque matin, Cindy vaporise de la **laque** sur ses cheveux.
Ce **lac** est si vaste que l'on peut y naviguer.

Quand Robin part en vacances, il emmène son chien.
Les défenseurs espagnols se replient tous dans leur **camp**.

Le prochain train pour Nantes partira dans un **quart** d'heure.
Les **cars** de tourisme stationnent sur l'aire d'autoroute.

Le **chœur** de la cathédrale de Saint-Claude est magnifique.
M. Bret a bénéficié d'une greffe du **cœur** ; il se porte très bien.

Réponses

30 Le son (f) : **f, ph** ou **ff**

Les exercices de la séquence 30 concernent le son (f). Pour transcrire ce son, on ne rencontre l'écriture « ph » que dans 5 % des cas. On la trouve surtout dans des préfixes (photo-, phono-, philo-) et dans des suffixes (-phone, -phile, -graphe, -phie) d'origine grecque. Ceux-ci permettent de former de nombreux mots à une époque où les termes technologiques sont nombreux.

1 ▶ **Pour quelques mots difficiles, le recours au dictionnaire est impératif.**
une s**ph**ère ; le re**f**let ; un nénu**ph**ar ; une mou**f**le ; le ca**f**é ; dé**f**endre.
pro**f**iter ; le par**f**um ; la **ph**otocopie ; le re**f**rain ; l'atmos**ph**ère ; un mammi**f**ère.
sacri**f**ier ; un **f**orage ; pro**f**ond ; une gau**f**re ; se mé**f**ier ; la **ph**ysique.
l'in**f**irmière ; un sa**ph**ir ; in**f**ini ; le ra**ph**ia ; la géogra**ph**ie ; un autogra**ph**e.

2 ▶ une **ph**rase courte ; un objet **f**ragile ; un **ph**are allumé ; du **f**ard à joues ; le si**ph**on du lavabo.
une gi**f**le amicale ; un re**f**uge animalier ; le be**ff**roi de la ville ; un gra**ff**iti amusant ;
ba**f**ouiller une réponse.
un clou de giro**f**le ; un a**ff**luent du Rhône ; l'hémis**ph**ère nord ; un sa**f**ari africain ; ra**f**ler la mise.

3 ▶ **Tous les adjectifs masculins sont formés de la même façon : finale « -f ».**
un oiseau **craintif** ; un **bref** instant ; un propos **agressif** ; un téléphone **portatif** ;
un garçon **chétif** ; un acte **abusif**.
un cours **instructif** ; un entraînement **collectif** ; un peintre **naïf** ; un produit **nocif** ;
un candidat **émotif** ; un résultat **négatif**.

4 ▶ Ce coureur est au bord de l'épuisement, il a le **souffle** court.
Le **chauffage** collectif de l'immeuble est en panne ; tout le monde grelotte.
Manuel n'a rien bu ; **assoiffé**, il est déshydraté.
Cette pièce n'a pas été aérée convenablement : on **étouffe**.
Pour essuyer ces verres en cristal, il faut prendre un **chiffon** propre.
Pour atténuer la **souffrance** du blessé, le médecin lui administre un calmant.
Le nombre 517 s'écrit avec trois **chiffres**.
Le **professeur** de mathématiques est absent ; les élèves n'ont pas cours.

31 Les homonymes

▶ **On peut chercher les infinitifs des verbes précédés du pronom personnel.**
Il (elle) doit deux cents euros à un ami. – Vous marchez dans **la** boue. – **Il (elle)** peint le mur de la chambre. – **Il (elle)** tente de vous apitoyer. – Le coureur escalade **le** col d'Allos. Hier, Samir s'est pincé **le** doigt. – Théo voit enfin **le** bout du chemin. – Mina adore **le** pain de campagne. – **La** tante de Clara travaille beaucoup. – **Il (elle)** colle un timbre sur l'enveloppe.

Réponses

2 ▶ Bien lire les définitions des mots pour éviter la confusion entre « la chair » (la substance qui constitue les muscles) et « la chère » (les mets considérés sous le rapport de la qualité ; faire bonne chère, c'est faire un bon repas).

Pendant les vacances, M. Claudel **loue** un chalet à La Clusaz.
Le trésorier de l'association tient les **comptes** de la coopérative.
Le canard est farci avec de la **chair** à saucisse.
Deux forts protégeaient l'entrée du vieux **port** de Marseille.

3 ▶ Cherchez les homonymes d'autres mots de ces phrases : « sait – c'est » ; « bout – la boue » ; « doit – le doigt » ; « près – un prêt » ; « plutôt – plus tôt » ; etc.

Tout le monde sait que l'eau bout à **cent** degrés.
Le centre de transfusion organise une collecte de **sang**.
On ne doit pas conduire **sans** avoir bouclé sa ceinture de sécurité.
Près du feu de la cheminée, M. Tardy se **sent** bien ; il se réchauffe.
Pourquoi un tapis de casino est-il toujours **vert** ?
Pour pêcher le gardon, M. Bénier choisit le **ver** de terre plutôt que l'asticot.
Nestor, le petit chat, tourne sa tête **vers** vous et attend une caresse.
M. Fayolle préfère boire son eau dans un **verre** à pied.

4 ▶ Diana **craint** le froid. → **craindre** – Le vent **balaie** les dernières feuilles. → **balayer** – Je vous en **prie**, venez. → **prier** – Il **court** comme un lapin. → **courir** – Elle me tend son verre. → **tendre** – M. Albert **pousse** sa voiture. → **pousser**.

32) Ne pas confondre ce et se ; c' et s'

1 ▶ Le nom « méandre » (3ᵉ colonne) est probablement inconnu ; en rechercher le sens dans un dictionnaire.

ce panier ; **se** méfier ; **ce** rosier ; **ce** papier ; **se** plier ; **ce** quartier.
ce rasoir ; **se** revoir ; **ce** dortoir ; **s'**émouvoir ; **se** voir ; **ce** trottoir.
se plaindre ; **s'**étendre ; **se** défendre ; **ce** méandre ; **se** rendre ; **ce** gendre.
ce danger ; **ce** verger ; **se** ranger ; **se** dégager ; **ce** clocher ; **se** loger.

2 ▶ **Ce** prix **se** lit très mal ; est-**ce** intentionnel ?
Attention, **ce** boulevard **se** traverse en empruntant la passerelle.
Avec **ce** brouillard, il n'est pas question de **s'**aventurer hors des pistes.
Ce champion **s'**entraîne régulièrement ; il **se** prépare pour la compétition.
Avec **ce** modèle d'ordinateur, Joris pourra **se** connecter au réseau Internet.
Pour les gourmands, **ce** dessert au chocolat **se** mange sans faim !
Ce couloir **s'**enfonce dans les profondeurs du château ; **ce** serait folie que d'aller plus avant.
Ce jeune commerçant **s'**installe dans la galerie marchande ; il **se** lance dans la vente de vêtements.
Au premier examen, **ce** détail lui avait échappé ; l'expert **s'**en veut de ne pas l'avoir remarqué.

Réponses

3 ▶ *On note que les pronoms personnels « se » et « s' » ne sont pas affectés par le passage du pluriel au singulier, il s'agit toujours de la 3ᵉ personne. On peut les souligner. Les accords ne sont pas toujours simples (accords des verbes) ; vous devrez réaliser cet exercice avec beaucoup de minutie (bien relire).*

Ce diamant brille dès qu'**un** rayon de soleil <u>se</u> pose sur lui.
Avec **ce** réservoir, **ce** bassin <u>se</u> remplira en quelques heures.
Ce marin <u>s'</u>aventure sur une mer déchaînée ; il a du courage.
Ce mur est trop fragile ; il <u>s'</u>écroulera au premier coup de masse.
Ce billet de cent euros <u>s'</u>échange à la banque contre des dollars.
À l'approche du mois de mai, **ce** balcon <u>se</u> couvre de fleurs.
Ce tracteur <u>s'</u>est enlisé dans **ce** chemin boueux.
Ce boulanger <u>s'</u>est forgé une excellente réputation ; son pain, cuit au feu de bois, est croustillant à souhait.

33 Ne pas confondre *ces* et *ses* ; *c'est* et *s'est*

▶ **Veillez à l'accord des adjectifs qualificatifs.**
Bien entendu, le choix entre « ses » et « ces » dépend du choix fait pour le singulier. Hors de tout contexte, il est impossible de choisir entre « ses » et « ces ».

ses premières chemises ; **ses** douleurs à la cuisse droite ; **ces** fils électriques ; **ces** admirables tableaux ; **ces** descentes dangereuses ; **ses** véritables prénoms.
ses répertoires téléphoniques ; **ses** brusques coups de volant ; **ces** ruelles sombres ; **ces** bijoux en or massif ; **ces** oreillers en plumes ; **ses** logiciels de calculs.

▶ Au moindre bruit, le lièvre dresse **ses** oreilles et prend la fuite.
Dès que **ses** enfants eurent atteint l'âge de leur majorité, M. Fantin leur a donné une partie de **ses** collections de papillons.
Ces carrefours sont très dangereux, il faudrait installer des feux tricolores.
Ces locaux devront être démolis, car ils ont été insonorisés avec de l'amiante.
Avec tous **ces** bruits autour du présentateur, je ne comprends pas **ses** paroles.
Ces louanges me flattent, mais je crois bien qu'elles ne sont pas méritées.
Avec **ses** mâchoires aux dents acérées, le caïman est un animal redoutable.
La fabrique de meubles doit fermer bientôt ; **ses** employés sont inquiets.

▶ **Essayez des substitutions : « c'est → c'était » et « ces → ce – cet – cette ».**

C'est la période des soldes ; **ces** magasins de vêtements sont pris d'assaut.
L'arbitre refuse un but aux Bordelais ; **c'est** une erreur pensent les spectateurs.
Ces voitures sont équipées de détecteurs d'obstacles ; **c'est** un nouveau dispositif.
Ces cités ont été bâties trop rapidement et elles sont mal entretenues.
Je suis certain que de tous **ces** héros, **c'est** Harry Potter que vous préférez.
C'est dans **ces** locaux que M. Vincent a débuté sa carrière d'architecte.

Réponses

4 ▸ *Essayez des substitutions : « s'est → s'était » et « ses → son – sa ».*

M. Cardo **s'est** trompé dans **ses** comptes, il devra recommencer depuis le début.
Agnès **s'est** retrouvée seule au milieu du bois, **ses** amies ne l'ont pas suivie.
M. Louis **s'est** découvert une nouvelle occupation : écrire **ses** mémoires !
Linda est perdue dans **ses** pensées ; elle en oublie de fermer la porte à clé.
Avant d'inviter à dîner **ses** collègues, Harold **s'est** renseigné sur leurs goûts.

34 Ne pas confondre *leur* et *leur(s)*

1 ▸ *Accord du déterminant possessif.*

leurs plus belles années ; **leurs** émissions préférées ; **leurs** grands-parents paternels ;
leur journal quotidien.
leur résidence de vacances ; **leur** généreux donateur ; **leurs** vêtements d'hiver ; **leurs** larmes
de crocodile.

2 ▸ *Dans la 2ᵉ phrase, le nom « prix » peut être singulier ou pluriel, il faut donc regarder si l'accord du verbe est singulier ou pluriel : « fait » → singulier.*

Quand les arbres sont frêles, on **leur** (*lui*) met des tuteurs en attendant que **leur** tronc et
leurs racines se développent.
Certaines personnes changeraient volontiers **leurs** lunettes contre des lentilles mais **leur**
prix élevé les fait hésiter !
Les producteurs de tomates sont inquiets pour **leur** récolte car le temps ne **leur** (*lui*) a pas
été très favorable.
Les élèves du cours préparatoire ont envie d'apprendre à lire ; la maîtresse **leur** (*lui*)
distribue des albums pour qu'ils puissent découvrir **leurs** premiers mots.

3 ▸ *Se souvenir que le déterminant possessif pluriel de « ses » est « leurs » ; celui de « son » ou « sa » est « leur ». La substitution « leur » → « lui » apparaît nettement.*

À la fin de l'entracte, les *spectateurs* regagnent **leur** place (*chaque spectateur n'a qu'une place*).
Les *pêcheurs* préparent **leurs** lignes et ils rangent **leurs** hameçons dans une boîte.
Les *enfants* font la grimace car **leur** mère (*chaque enfant n'a qu'une mère*) **leur** verse une
pleine assiette de soupe.
Les *banquiers* n'ont plus d'argent, **leur** moral (*chaque banquier n'a qu'un moral*) est très bas
comme **leurs** comptes !
Au décollage, les *hôtesses de l'air* demandent aux *passagers* d'attacher **leur** ceinture (*chaque passager n'a qu'une ceinture*) et **leur** rappelle qu'il est interdit de fumer.

Réponses

4 ▶ Pour **leur** (*lui*) permettre de se déplacer en apesanteur, de nombreuses poignées sont à la disposition des cosmonautes à l'intérieur de **leur** navette spatiale.
Quand ils iront au collège, ces élèves regretteront peut-être **leur** petite école, mais le principal **leur** (*lui*) expliquera le fonctionnement de ce nouveau lieu ; c'est peut-être le poids de **leur** cartable qui les surprendra le plus.
Les musiciens sont restés deux heures en scène, ils n'ont pas déçu **leurs** admirateurs qui, en échange, ne **leur** (*lui*) ont pas ménagé **leurs** applaudissements.

35) Ne pas confondre *OU* et *OÙ*

1 ▶ Dans l'état **où** se trouve cette commode, elle est irréparable.
Cette proposition est séduisante, elle est à prendre **ou** (*ou bien*) à laisser.
Pour aller de Paris à Marseille, on peut prendre le TGV **ou** (*ou bien*) l'avion.
Au cas **où** vous renonceriez à cette sortie, n'oubliez pas d'avertir le guide.
La Rochelle, **où** s'étaient réfugiés les Protestants, fut assiégée par Richelieu.
M. Grebot est avocat **ou** (*ou bien*) conseiller fiscal, je ne connais pas bien son activité.

2 ▶ **Où** allez-vous passer vos vacances ? En Bretagne **ou** (*ou bien*) en Alsace ?
Le jour **ou** (*ou bien*) la nuit, les pompiers interviennent là **où** on a besoin d'eux.
L'attitude de Firmin est déroutante, personne ne sait **où** il veut en venir.
Quelles sont vos préférences musicales ? Le rap **ou** (*ou bien*) la techno ?
Claudia a repris sa lecture là **où** elle l'avait abandonnée.
Marcher **ou** (*ou bien*) courir, le concurrent ne sait plus quelle allure adopter.

3 ▶ **Où** le roi Louis XIV habitait-il le plus souvent ? → *À Versailles (dans son château de Versailles).*
Où poussent les cocotiers ? Sous les tropiques **ou** en Alaska ? → *Sous les tropiques.*
D'**où** vient le cacao ? De Norvège **ou** de Côte-d'Ivoire ? → *De Côte-d'Ivoire.*
Qui a peint Guernica ? Pablo Picasso **ou** Vincent Van Gogh ? → *Pablo Picasso.*
Où l'empereur Napoléon Ier est-il mort ? → *À Sainte-Hélène (sur l'île de Sainte-Hélène).*
Quelle est la langue la plus parlée ? L'anglais **ou** le chinois ? → *Le chinois.*
Où les armées alliées ont-elles débarqué le 6 juin 1944 ? → *En Normandie.*

4 ▶ Par **où** les décorateurs vont-ils commencer ? Par la chambre **ou** (*ou bien*) par le salon ?
L'hôtel, **où** la famille de Paul est descendue, possède une belle piscine.
Manon **ou** (*ou bien*) Betty ? Tout le monde confond ces deux sœurs jumelles.
Essence **ou** (*ou bien*) diesel ? Quelle est la nature du carburant de votre voiture ?
D'**où** le journaliste tient-il ces informations ? Elles ont l'air sérieuses.
M. Coulet ne dévoilera jamais les lieux **où** il pêche ces énormes truites.

Réponses

36 ⦁ Ne pas confondre **tout** et **tous**, **toute** et **toutes**

1 ▶ *Retenez l'orthographe de l'expression « avaler tout rond ».*

aimer **tous** les fromages ; parler en **toute** franchise ; jouer un numéro à **tout** hasard ; chanter **tous** ensemble ; avaler des bonbons **tout** rond ; perdre **tous** ses moyens.
changer **toutes** les piles ; effectuer un saut de **toute** beauté ; oublier **tous** ses rendez-vous ; reculer à **toute** vitesse ; corriger **toutes** les erreurs ; copier **tout** le devoir.

2 ▶ *Accord très simple de l'adjectif « tout ».*

tous les jours ; toutes les fenêtres ; toutes les idées ; tous les journaux.
tous les détails ; tous les panneaux ; tous les pneus ; tous les bijoux.
toutes les disquettes ; tous les films ; tous les étages ; tous les incidents.

3 ▶ Les concurrents, **tous** bien entraînés, prennent le départ du triathlon de Nice.
À la brocante, M. Pulmino a déniché des assiettes **tout** (*tout à fait*) ébréchées.
Maman aime son enfant de **tout** son cœur.
La salle est déjà pleine, nous ne pourrons malheureusement pas **tous** entrer.
Tous les habitants de Strasbourg sont fiers de leur cathédrale.
Il n'y a pas de compromis possible, c'est **tout** (*tout à fait*) l'un ou **tout** (*tout à fait*) l'autre.
Ce vaporisateur détruit **toutes** les odeurs désagréables.
Elle fait partie de **tous** ceux qui aiment les films comiques.

4 ▶ *Dans toutes les phrases, le mot « tout » est un adverbe, il est donc invariable.*

Tout (*tout à fait*) étonnés, les *retardataires* constatent qu'il reste encore des places.
Les *nageurs* sortent de l'eau **tout** (*tout à fait*) tremblants ; ils sont frigorifiés.
Tout (*tout à fait*) maigres et **tout** (*tout à fait*) fragiles, ces *agneaux* ne survivront pas longtemps.
Tout (*tout à fait*) auréolés de leur victoire en coupe du monde, les *joueurs* exhibent leur médaille.
Les *promenades* ne sont pas de **tout** (*tout à fait*) repos ; il faudra franchir le col d'Aussois.

37 ⦁ Le verbe se termine-t-il par **é** ou par **er** ?

Pour les exercices de la séquence 37, le procédé de distinction proposé (« -é » ou « -er » ?) n'est jamais, orthographiquement, pris en défaut puisque la nature grammaticale du mot ne change pas. Un inconvénient demeure cependant : le sens de la phrase ainsi construite est parfois totalement artificiel. Vous devez apprendre à vous détacher du sens, lorsque vous êtes en phase de correction orthographique. Choisissez donc un verbe du 2ᵉ ou du 3ᵉ groupe que vous utiliserez systématiquement. Il est vain de vouloir trouver pour chaque phrase un verbe synonyme.

Réponses

1 ▸ *N'oubliez pas d'entourer l'infinitif du verbe du 3ᵉ groupe : « conduire ».*

Il ne faut pas (toucher) les fils électriques tombés à terre.
Puisque ces lettres sont timbrées, il faut les (glisser) dans la boîte aux lettres.
Pour (calmer) ta toux, le médecin te demande d'(avaler) un peu de sirop.
Les pizzas commandées par téléphone seront livrées dans quinze minutes.
Quand on vous photographie, il ne faut pas (bouger).
Mathilde a passé son permis de (conduire) ; c'est un succès mérité.

2 ▸ *À titre d'exemple, nous proposons de substituer par « prendre » ou « pris ».*

Pour **piloter** (*prendre*) un hélicoptère, il faut **posséder** (*prendre*) un brevet spécial.
Benjamin n'a pas son pareil pour **improviser** (*prendre*) une histoire drôle.
Au cours de sa vie, Mme Le Goff a **visité** (*pris*) bien des pays.
Pour **confirmer** (*prendre*) votre réservation, vous devrez **envoyer** (*prendre*) un fax.
La secrétaire a **tamponné** (*pris*) l'imprimé de Noémie.
L'entraîneur va **féliciter** (*prendre*) les sportifs pour leur travail **acharné** (*pris*).

3 ▸ *Les synonymes du verbe « faire » sont assez faciles à placer.*

L'ébéniste a **fabriqué** une petite table pour l'angle de la salle à manger.
L'architecte a **tracé** un plan original pour la nouvelle salle des fêtes.
Jean-Mathieu a **nagé** deux kilomètres pour rejoindre l'île d'Aix.
Pour **rédiger** ce rapport, Hassan utilise un traitement de texte.
L'orage a **provoqué** des dégâts considérables dans toute la région.
Pour **effectuer** sa triple boucle, le patineur a pris beaucoup d'élan.
Ce piano doit bien **peser** deux cents kilos.

4 ▸ Avant de plong**er**, il faut inspir**er** longuement pour s'oxygén**er**.
Le stade est noy**é** sous la brume ; le match est report**é**.
Seules les personnes autoris**ées** pourront pénétr**er** dans ces locaux.
Beaucoup de mineurs ont laiss**é** leur santé au fond des puits.
Une faute avou**ée** est à demi pardonn**ée**.

38 Le participe passé employé avec *avoir*

La recherche du complément d'objet direct, que nous traitons dans les exercices de la séquence 38, peut se révéler difficile. Le questionnement que nous proposons, « qui ? » ou « quoi ? », nous paraît suffisamment fiable pour le retenir lorsque l'on veut accorder, ou non, le participe passé.

Réponses

1 ▸ *Aucun accord pour ces participes passés puisque tous les COD sont placés après les participes passés.*

Comme entrée, Anselme **a choisi** une salade niçoise.
Ce coureur **a établi** un nouveau record du monde.
La sonorisation était mal réglée, les musiciens **ont mécontenté** le public.
Les astronautes **ont vu** des comètes frôler la Terre.
Les fiançailles de mon cousin **ont réuni** toute la famille.
De nombreux événements **ont jalonné** l'histoire de la Bretagne.

2 ▸ *Pour mieux repérer le genre et le nombre, les pronoms COD ainsi que les noms qu'ils remplacent sont entourés.*

Ce matin, nous **avons cueilli** (des myrtilles).
Les chevaux **ont galopé** jusqu'à la barrière.
Vous **avez** enfin **clarifié** (la situation).
(Les malades) (que) ce médecin **a soignés** se portent bien.
(La veste) (que) tu **as achetée** provient d'Italie.
(Ces serviettes), je (les) **ai pliées** avec soin.

3 ▸ *Dans la 3ᵉ phrase, attention aux accords du verbe et de l'attribut. Dans la 5ᵉ phrase, le verbe est à la voix passive, donc employé avec l'auxiliaire « être ». Les COD et les noms qu'ils remplacent sont entourés.*

Je vous recommande (les films) (que) j'**ai vus** la semaine dernière.
(Ces numéros) de téléphone, vous ne (les) **avez pas retenus**.
(Les témoignages) (que) le commissaire **a recueillis** semblent importants.
Pris de pitié, les chasseurs **ont laissé** (les faisans) s'envoler.
Ces lacs **ont été pollués** par erreur.
Les campeurs **ont planté** (leur tente) à la lisière de la forêt.
(Les os) (que) l'archéologue **a découverts** appartiennent à un squelette d'ours.

4 ▸ *L'accord du participe passé « fait » est souvent omis, même à l'oral.*

Oui, je (l')**ai nettoyé**.
Oui, nous (les) **avons retrouvées**.
Non, il ne (les) **a pas soudés**.
Oui, je (les) **ai froncés**.
Non, elle ne (les) **a pas faites**.
Oui, il (l') **a modifiée**.

(39) Participe présent ou adjectif verbal ?

1 ▸ des chocolats **fondants** → des crèmes **fondantes** ; des vêtements **voyants** → des coiffures **voyantes** ; une remarque **plaisante** → un humour **plaisant** ; une poulie **grinçante** → des engrenages **grinçants** ; des résultats **suffisants** → une personne **suffisante**.

Réponses

2 ▸ *Les adjectifs verbaux sont employés comme attributs du sujet, ils s'accordent donc avec le sujet.*

Les phares sont **aveuglants**. – Les bruits sont **assourdissants**. – Cette laine de roche est **isolante**. – Ces plantes sont **grimpantes**.
Ces motos sont **impressionnantes**. – L'étape est **éprouvante**. – Ces enfants sont **obéissants**. – L'eau est **bouillante**.

3 ▸ *Le repérage des adjectifs est aisé.*

Des propos **alarmants** circulent : le feu progresserait.
La forteresse, **dominant** la plaine, paraissait imprenable.
L'audace **étonnante** de cette construction intrigue les Lillois.
En **s'agenouillant**, Mme Clet peut passer le bras sous le lit.
Demeurant rue des Pins, la caissière va travailler à pied.
Simon étale une peinture très **résistante** sur les volets.

4 ▸ J'admire les bouchers **désossant** les quartiers de bœuf.
Nous apercevons, au loin, des fusées **illuminant** le ciel.
M. Carrouge connaît une région **méritant** un détour.
Vous remonterez la vitre **en sortant**.
Le motard se méfie des routes **glissantes**.
Voilà vraiment une caricature **étonnante**.
Les guides, **prévoyant** tout, vérifient l'état du matériel avant le départ.
À Perpignan, j'ai rencontré un homme **parlant** le catalan.
Mme Avon nous offre des biscuits **craquant** sous la dent.

40 Ne pas confondre *quel, qu'elle… ; quelque, quel que…*

▸ *Nous n'avons que des adjectifs ; ils s'accordent en genre et en nombre avec les noms. Vous pouvez effectuer cet exercice et les suivants en liaison avec ceux de la leçon traitant du présent du subjonctif (pp. 102-103).*

Quelle belle cravate ! – Pour **quel** candidat allez-vous voter ? – **Quelles** sont les réponses exactes ? – **Quelle** chaleur étouffante ! – Sur **quel** cheval pariez-vous ? – **Quelles** chansons écoutez-vous ? – **Quel** âge avez-vous ? – **Quelle** surprise de vous voir ici !
Dans **quelle** région irez-vous ? – **Quels** curieux monuments ! – **Quelle** question facile ! – **Quel** carrefour dangereux ! – Avec **quelle** clé allez-vous ouvrir ? – **Quel** dessert préférez-vous ? – Vers **quelle** ville vous dirigez-vous ? – **Quelles** belles vacances !

▸ *Nous avons des adjectifs indéfinis qui ne s'accordent qu'en nombre.*

quelques étages à monter ; **quelques** feuilles de salade ; camper dans **quelque** endroit ; **quelques** bougies éteintes ; **quelques** coups de bâton.

Réponses

quelques moments pour rêver ; **quelques** pincées de sel ; **quelques** tranches de pain ; écrire **quelques** lettres ; **quelque** gibier apeuré.
quelques places libres ; **quelque** vieux film ; **quelque** wagon vide ; avoir **quelque** espoir ; **quelques** fleurs fanées.

3 ▶ Je vous offre ces fleurs, j'espère **qu'elles** (*qu'ils*) vous feront plaisir.
Quelles sont vos lectures préférées ? **Quelle** place occupent-elles dans vos loisirs ?
Avec **quelle** persévérance et **quel** courage ce chercheur poursuit-il ses travaux !
Mme Dumont essaie la robe **qu'elle** (*qu'il*) vient de choisir.
Quelle joie de se retrouver après des semaines de séparation.
La récolte de pommes est tardive, mais on suppose **qu'elle** (*qu'il*) sera abondante.
Dans **quel** pays se trouve la Grande Muraille ? (*la Chine, bien sûr !*)

4 ▶ *De nombreuses difficultés liées au passage des noms du singulier au pluriel. En oralisant, les accords sont plus faciles. Nous avons placé volontairement une forme au masculin pluriel pour bien montrer la substitution possible. Attention à l'accord du verbe « être » au subjonctif avec sujet inversé : « quelles que soient tes opinions » ; « quels que soient les obstacles ».*

Les *rivières* sont polluées : **quelles** *solutions* proposent les techniciens ?
De **quels** *instruments* ces *virtuoses* vont-ils jouer ?
Quelles que soient tes *opinions*, nous les respecterons.
N'empruntez pas ces *sorties*, je crois **qu'elles** sont condamnées.
Comme les *chemins* sont défoncés, le maire exige **qu'ils** soient remis en état.
Quels que soient les *obstacles*, les *chevaux* les franchiront aisément.
Mme Chavez nettoie les *vitres* pour **qu'elles** laissent passer la lumière.

41) Ne pas confondre SA et ÇA

1 ▶ *Attention, quand le nom complément est au singulier, le déterminant possessif de la 3ᵉ personne du pluriel est « leur ».*

Tu répètes **ta** question. – Le présentateur répète **sa** question. – Nous répétons **notre** question. – Vous répétez **votre** question. – Les enquêteurs répètent **leur** question.
Tu prends **ta** fourchette. – Lionel prend **sa** fourchette. – Nous prenons **notre** fourchette.
Vous prenez **votre** fourchette. – Les invités prennent **leur** fourchette.

2 ▶ Courir pendant deux heures sans s'arrêter, **ça** (*cela*) n'est pas de tout repos !
Ce pêcheur aurait sorti un poisson de deux mètres de long, rien que **ça** (*cela*) !
J'avais oublié le numéro de ton immeuble, mais **ça** (*cela*) me revient, c'est le 45.

Réponses

Cédric a placé **sa** (*ma*) moto contre le mur ; le gardien de la résidence lui fait remarquer que **ça** (*cela*) risque de gêner les piétons. Cédric le rassure : « Je vais dire bonjour à mon oncle, **ça** (*cela*) ne sera pas long. »
Omar a besoin de consulter **sa** (*ma*) messagerie électronique ; pour **ça** (*cela*), il doit se connecter à Internet.

3 ▶ **Vous veillerez à l'accord des verbes à la 3ᵉ personne du singulier.**

Anthony paie **sa** dette, donc il s'enrichit d'un ami !
Valérie suit nos conseils et elle diminue **sa** consommation de sucre.
Tous les mois, *Noémie* change **sa** brosse à dents.
M. *Béraud* a trop de livres, **sa** bibliothèque déborde !
Malgré le froid, *le moniteur* sort puisque **sa** tenue est très chaude.
Romain accepte **sa** défaite avec le sourire.
Manon cède **sa** place à une personne handicapée.

4 ▶ Trouver une lampe à pétrole qui fonctionne, **ça** (*cela*) devient rare.
Les phares guident les navires ; **ça** (*cela*) permet d'éviter bien des naufrages.
Le chanteur prend soin de **sa** (*ma*) voix ; c'est son instrument de travail.
Voici un nouveau produit anticalcaire ; avec **ça** (*cela*) votre évier resplendira !
Un développement de photos numériques, combien **ça** (*cela*) coûte ?
La tortue se déplace lentement, mais **sa** (*ma*) lenteur n'a d'égale que **sa** (*ma*) patience.

42 Ne pas confondre *peu* et *peut*

▶ Les Anglais prennent souvent leur thé avec un **peu** de lait.
Jérémie ne **peut** pas retenir ses larmes, le film est trop triste.
D'ici, avec un **peu** de patience, on **peut** apercevoir l'île de Porquerolles.
Avec **peu** de produits et en **peu** de temps, ce cuisinier **peut** préparer un repas.
Amalia connaît **peu** le Portugal qu'elle a quitté à l'âge de cinq ans.
Un puzzle **peut** vous passionner pour **peu** que les pièces se ressemblent.
Le mécanicien **peut** régler la hauteur des phares en serrant ou non cette vis.
Avec un **peu** de chance, Andy **peut** passer à travers les gouttes.

▶ **Mise en évidence de l'appartenance de la forme verbale « peut » à la conjugaison du verbe « pouvoir » au présent de l'indicatif. On découvre deux formes homonymes, celles des 1ʳᵉ et 2ᵉ personnes du singulier, rares formes qui n'ont pas de « s » à la deuxième personne du singulier.**
L'adverbe « peu » demeure invariable.

Je **peux** me reposer un peu. ; Tu **peux** te reposer un peu. ; Ophélie **peut** se reposer un peu. ; Nous **pouvons** nous reposer un peu. ; Vous **pouvez** vous reposer un peu. ; Les ouvriers **peuvent** se reposer un peu.

Réponses

Je ne **peux** emporter que peu de livres. ; Tu ne **peux** emporter que… ; Renaud ne **peut** emporter que… ; Nous ne **pouvons** emporter que… ; Vous ne **pouvez** emporter que… ; Les randonneurs ne **peuvent** emporter que…

3 ▸ Qui **peut** le plus **peut** le moins.
On ne **peut** pas être en même temps au four et au moulin.
Il y a deux sortes de trop : le trop et le trop **peu**.
On ne **peut** pas être et avoir été.
Un **peu** de fiel gâte beaucoup de miel.
Nul ne **peut** servir deux maîtres.

4 ▸ Élisa ne **peut** rester que dix secondes sous l'eau ; c'est **peu**.
Sandra **peut** ajouter **un peu** de piment dans son assiette de couscous.
On ne **peut** pas travailler ; **un peu** de calme serait bienvenu.
Ce chien d'avalanche **peut** retrouver une personne en quelques minutes.
Avec **peu** de vent, cette éolienne ne **peut** pas tourner.
L'ouvrière ne **peut** pas quitter sa machine à coudre.
Il y a **peu** de place pour compléter ce questionnaire.

 Ne pas confondre n'y et ni

1 ▸ Cette piste de ski n'est pas assez rapide, les descendeurs **n'y** vont pas.
Le sol de cette région est trop pauvre, **ni** le blé **ni** le maïs **n'y** poussent.
Le marathon de New York, M. Fradini **n'y** participera jamais.
Ce site archéologique est décevant, on **n'y** a pas trouvé les traces attendues.
Sur ce lac gelé, personne **n'y** pose le pied car la glace est trop mince.
Cette commerçante a tout vendu ; il **n'y** a plus **ni** pantalons **ni** blousons.

2 ▸ *Vous noterez que, après « ni », les déterminants sont parfois omis.*

Non, je **n'y** pense pas. – Non, je **n'y** suis jamais allé. – Non, le cuisinier (il) **n'y** ajoute rien. Non, nous **n'y** plongerons pas.
Non, nous n'oublions **ni** les numéros de téléphone **ni** les adresses de nos amis. – Non, nous ne possédons **ni** scanner **ni** imprimante. – Non, je n'ai fait **ni** parapente **ni** deltaplane.
Non, Sylvia n'est abonnée **ni** à un journal quotidien **ni** à un magazine mensuel.

3 ▸ L'ascenseur est bloqué ; on ne peut **ni** descendre **ni** monter.
La planète Vénus est trop chaude, jamais on **n'y** installera une base habitée.
Cette lettre est un modèle du genre, **n'y** changez **ni** un mot **ni** une virgule.
Le barreau de cette échelle est vermoulu, **n'y** posez pas le pied.
Dans cette poubelle, on **n'y** jette **ni** les bouteilles **ni** les cartons.
Ce serveur ne parle **ni** le chinois **ni** le japonais, il s'exprime en anglais.

Réponses

4 ▶ La nature de « y » comme pronom apparaît nettement.

Ce village est désert, plus personne **n'y** habite.
Dans ce quartier, on **n'y** trouve aucune pharmacie ouverte.
Dans les forêts du Sud, on **n'y** allume pas de feu.

44 ▶ Ne pas confondre s'y et si

▶ Saïd ne connaît pas l'Algérie, il ne **s'y** est jamais rendu.
Le TGV est **si** rapide qu'on le voit à peine passer.
L'étang de Marcy est un vrai miroir, la Lune **s'y** reflète.
Sur le terrain de golf, M. Robert **s'y** adonne à son sport favori.
Les mouettes tournent autour du rocher et finalement **s'y** posent.
Ce film est **si** triste que tous les spectateurs sortent leur mouchoir.
Si Lou avait écouté nos conseils, elle ne se serait pas risquée sur la falaise.
Si j'étais vous, je lirais ce roman policier ; il est plein de rebondissements.
Dites-nous **si** cette émission vaut la peine d'être vue.

▶ **Mise en évidence de l'appartenance du pronom possessif « s'» à une série.**

Au travail, je **m'y** mets sans tarder. ; Au travail, tu **t'y** mets... ; Au travail, il **s'y** met... ; Au travail, nous **nous y** mettons... ; Au travail, vous **vous y** mettez... ; Au travail, elles **s'y** mettent...

▶ Sur ce court de tennis, Judith **s'y** est illustrée à plusieurs reprises.
Ce meuble est **si** abîmé que l'ébéniste renonce à le réparer.
David est **si** contrarié qu'il décide de s'en aller.
Aux Jeux olympiques, les athlètes chinois **s'y** couvrent de gloire.
Le livreur devra faire un détour **si** la rue est barrée.
Si la randonnée n'est pas trop longue, mon cousin **s'y** associera.
« **Si** seulement je pouvais dormir », soupire l'insomniaque.

▶ **Mise en évidence du pronom « y » qui se combine avec le pronom personnel réfléchi « se », élidé en « s' ».**

Yohan n'est pas surpris de notre refus, il **s'y** attendait un peu.
Le bruit est assourdissant, mais on **s'y** habitue.
Les draps sont frais, Valérie **s'y** glisse sans tarder.
La pelouse vient d'être tondue, le chien **s'y** roule en jappant.
Devant le jury, Romain **s'y** présente très confiant.

Réponses

45 Le futur simple

1 ▶ J'**aurai** beau temps. ; Tu **auras**... ; Elle **aura**... ; Nous **aurons**... ; Vous **aurez**... Ils **auront**...
J'**observerai** les insectes. ; Tu **observeras**... ; Elle **observera**... ; Nous **observerons**... Vous **observerez**... ; Ils **observeront**...
Je **serai** en bonne santé. ; Tu **seras**... ; Elle **sera**... ; Nous **serons**... ; Vous **serez**... Ils **seront**...
Je **dormirai** à la belle étoile. ; Tu **dormiras**... ; Elle **dormira**... ; Nous **dormirons**... Vous **dormirez**... ; Ils **dormiront**...

2 ▶ *Les terminaisons viennent s'ajouter à l'infinitif conservé intégralement.*
Le camion **tournera** bientôt à droite et il **se dirigera** vers la frontière.
Cette machine **triera** l'ensemble du courrier en quelques heures.
Les mauvaises herbes **envahiront** la pelouse.
Avec ses miaulements, ce petit chat **attendrira** sa jeune maîtresse.
Les touristes **acclameront** les chars et les grosses têtes du carnaval.

3 ▶ *Même remarque que pour l'exercice précédent.*
Écoute ce disque et je suis sûre que tu l'**adoreras**.
Vous **enregistrerez** ce film qui est programmé bien trop tard.
Pendant votre absence, j'**arroserai** vos plantes vertes.
Nous **allumerons** un bon feu de cheminée.
À dix heures, les portes du parc d'attractions **s'ouvriront**.

4 ▶ *Attention au verbe « pouvoir » qui double le « r », sans que la prononciation de cette double consonne soit nettement marquée.*
Les techniciens **rempliront** les réservoirs de la navette spatiale.
Tu ne **repartiras** pas bredouille puisque tu as pris une ablette !
Vous **écrirez** avec un crayon à papier pour effacer facilement vos erreurs.
M. Court **assemblera** ces planches et il **aura** la joie d'obtenir une belle armoire.
Comme tu ne **ralentiras** pas, je ne **pourrai** pas te suivre.

5 ▶ *Vous veillerez à ne pas omettre le « e » muet en pensant à l'infinitif.*
Au signal, les employés **évacueront** les lieux sans précipitation.
Tu ne **sacrifieras** pas tes dernières chances.
Cette rentrée d'argent **renflouera** votre compte en banque.
Pour travailler ce terrain, nous **louerons** un motoculteur.
Personne ne sait où **se situeront** les limites de la nouvelle ville.
Je ne **me fierai** pas à mon intuition et je **vérifierai** les résultats.

Réponses

46 L'imparfait de l'indicatif

Les exercices de la séquence 46 concernent l'imparfait de l'indicatif. Cette conjugaison présente l'avantage de n'avoir qu'une seule série de terminaisons ; il est donc inutile de classer les verbes en groupes.

▶ **La présence des déterminants possessifs impose les pronoms personnels sujets lorsque les terminaisons sont identiques (1re et 2e personnes du singulier).**
Étais-**tu** sûre de ta réponse ?
Elle était bien la seule à ne pas aimer la musique techno.
J'étais devant mon problème, incapable de trouver la solution.
Tu n'avais plus de cartouches pour ton stylo.
Vous n'aviez pas compris le fonctionnement de votre imprimante.
Nous étions encore au lit quand la sonnerie du téléphone retentit.
Elles étaient toujours chaudement habillées.

▶ Lazare **démontait** la roue. – Nous **débutions** la partie. – Je **t'avertissais** de son départ. Tu **invitais** tes amis. – Vous **installiez** ce meuble. – Les vigiles **fermaient** la porte.

▶ Plus jeunes, nos parents **militaient** pour la défense des droits de l'homme.
L'idée d'un bon bain chaud nous **motivait** et nous **accélérions** la cadence.
Tu **adorais** le sorbet, mais tu **laissais** les biscuits qu'on avait mis autour.
Lorsque je **m'entraînais** au tennis, je me **tordais** souvent les chevilles.
Vous **perdiez** tous les paris que vous **engagiez**.
Les naufragés **recueillaient** l'eau de pluie pour se rafraîchir.

▶ **Quelques modifications simples des radicaux des verbes qui se remarquent par la prononciation.**
Vous noterez que les formes de l'imparfait de l'indicatif sont issues des formes de la 1re personne du pluriel du présent de l'indicatif, et ce pour tous les verbes (à l'exception du verbe « être »).
Nos ancêtres ne **vivaient** pas très vieux.
Avec ce corset de plâtre, tu **souffrais** le martyre.
Nous **secourions** les personnes sans ressources et sans abri.
Les policiers **émettaient** des doutes sur les déclarations du suspect.
Autrefois, les élèves **apprenaient** à écrire avec un porte-plume.
Un gros cadenas **interdisait** l'entrée du parc.

▶ Le professeur **faisait** un brouillon, puis **écrivait** le texte définitif de l'exposé. ; Je **faisais** un brouillon, puis j'**écrivais**… ; Vous **faisiez** un brouillon, puis vous **écriviez**… ; Nous **faisions** un brouillon, puis nous **écrivions**… ; Samir et Quentin **faisaient** un brouillon, puis ils **écrivaient**… ; Tu **faisais** un brouillon, puis tu **écrivais**…

Réponses

47 Le présent du conditionnel

Les exercices de la séquence 47 concernent le présent du conditionnel. Pour cette conjugaison, on remarquera qu'il existe – comme à l'imparfait de l'indicatif – quatre terminaisons homophones : « -ais », « -ais », « -ait », « -aient ». Quant aux modifications des radicaux, elles sont identiques à celles du futur simple.

1 ▶ Je **souhaiterais** aller en Chine. ; Tu **souhaiterais**… ; Elle **souhaiterait**… ; Nous **souhaiterions**… ; Vous **souhaiteriez**… ; Ils **souhaiteraient**…
Je **skierais** volontiers sur une piste noire. ; Tu **skierais**… ; Elle **skierait**… ; Nous **skierions**… ; Vous **skieriez**… ; Ils **skieraient**…
J'**aimerais** déguster une île flottante. ; Tu **aimerais**… ; Elle **aimerait**… ; Nous **aimerions**… ; Vous **aimeriez**… ; Ils **aimeraient**…
Je **me dirigerais** vers la sortie. ; Tu **te dirigerais**… ; Elle **se dirigerait**… ; Nous **nous dirigerions**… ; Vous **vous dirigeriez**… ; Ils **se dirigeraient**…

2 ▶ Ici, le présent du conditionnel s'emploie en raison d'une concordance des temps verbes de la proposition principale à l'imparfait de l'indicatif → verbes de la proposition subordonnée au présent du conditionnel.
Si les citadins triaient leurs déchets, il y **aurait** moins de pollution.
Si le médecin l'exigeait, vous ne **mangeriez** plus de charcuterie.
Sans digues protectrices, les rivières **déborderaient**.
Si je lui envoyais un message, Honoré me **répondrait** sûrement.
Nous attendions avec impatience le moment où la pluie **cesserait**.
Si vous insistiez, le vendeur vous **consentirait** une petite réduction.

3 ▶ N'utilisez pas ces mèches pour percer le béton, elles **se casseraient**.
Si tu m'invitais au restaurant, j'**apprécierais** bien une bonne pizza.
Si nous suivions ses conseils, nous **travaillerions** un peu plus.
Si je procédais méthodiquement, je **viendrais** à bout de ce travail.
Si les poules avaient des dents, elles **se nourriraient** de viande !

4 ▶ Si le vent **cessait**, la pluie **tomberait** en abondance.
Si tu **réparais** la prise électrique, tu **couperais** le courant.
Si tu **défrichais** ce terrain, tu **te méfierais** des vipères.
Si vous **voyiez** votre tête, vous **comprendriez** notre étonnement.
Si tu **connaissais** la règle du jeu, tu me l'**expliquerais**.

Réponses

5 ▶ Si tu allongeais le pas, tu **irais** plus vite.
Si le soleil brillait, les agriculteurs **effectueraient** une bonne récolte.
Si tu apprenais à jouer aux échecs, tu ne **t'ennuierais** jamais.
Il **vaudrait** mieux que les piétons marchent sur le trottoir.
Si le jardinier ne l'arrosait pas, cette plante **mourrait**.
Si je partais en mer, je **prévoirais** un ciré et des bottes.

48 Le présent du subjonctif

1 ▶ Il est souhaitable que tu **répondes** au téléphone.
Il est inévitable que le barrage **retienne** les branches.
Mon frère aimerait que **j'aille** au cinéma avec lui.
Il est à craindre que vous vou**s trompiez**.
Le bruit s'oppose à ce que Bérangère **dorme**.
Il arrive que la neige **fonde**.

2 ▶ J'ai été ravie que tu **transmettes** mes amitiés à Géraldine.
Ses parents tiennent à ce qu'il **fasse** ses devoirs avant de jouer.
Il faut que le public **aperçoive** les concurrents dès la sortie du virage.
Nos amis nous écrivent pour que nous **partagions** un peu leur joie.
Mme Roudil souhaite qu'Ophélie lui **dise** ce dont elle a envie.
Tu veux que je **me joigne** à vous pour ce prochain voyage.

3 ▶ *Pour des formes homophones, le changement de personne (2ᵉ personne du singulier → 2ᵉ personne du pluriel) permet d'éviter une confusion entre le présent de l'indicatif et le présent du subjonctif.*

Ces automobilistes n'admettent pas que l'essence **vaille** aussi cher.
Si M. Keller n'est pas satisfait, qu'il **aille** voir un responsable.
Il arrive que les architectes **conçoivent** des immeubles bien étranges.
Vous m'appelez pour que je **peigne** la porte du garage en vert.
Le contrôleur a refusé que les personnes sans billet **prennent** le train.
Avant de tourner à gauche, il faut que le cycliste **tende** le bras.
Je ne tiens pas à ce que tu **coures** pendant deux heures.

▶ *Même remarque que pour l'exercice précédent.*

Il n'est pas certain que le train **réduise** la durée du trajet.
Il n'est pas évident que tu **meures** de faim.
Il est exclu que je **fasse** le premier pas.
Il se peut que tu **résolves** ce problème facilement.
Je me réjouis que Vincent **tienne** à cette visite.

Réponses

49 Le passé simple

1 ▸ *Pas d'accent circonflexe sur le « u » de la 3ᵉ personne du singulier (erreur fréquente)*

Comme tu me l'avais demandé, je **fus** à l'heure au rendez-vous.
Comme dessert, j'**eus** le choix entre un sorbet et une île flottante.
Dès la première sonnerie, tu **fus** devant le téléphone.
Dans ta jeunesse, tu **eus** la chance de beaucoup voyager.
L'auteur de l'accident **fut** condamné à verser une forte amende.
Les pompiers **furent** décorés pour leur participation au sauvetage.
À la vue du serpent, les promeneurs **eurent** un mouvement de recul.
M. Simon **eut** quelque difficulté à trouver l'adresse du magasin.

2 ▸ Malgré le verglas, les routiers **contrôlèrent** parfaitement leur véhicule.
Avant de prendre la route, M. Klein **vérifia** la pression des pneus.
À la surprise générale, tu **lanças** ta boule à un centimètre du cochonnet.
Les pêcheurs **s'enfoncèrent** dans la vase jusqu'aux genoux.
Pour ouvrir la boîte, **j'exerçai** une forte pression sur le couvercle.
Je **démontai** le boîtier de ma lampe électrique pour changer la pile.

3 ▸ La fête battait son plein quand la pluie **fit** son apparition.
Comme j'étais malade, le médecin **vint** à la maison.
À l'arrivée de la course, je **m'effondrai**, à bout de souffle.
Au marché de Privas, les forains **étalèrent** leurs marchandises.
Pour en avoir le cœur net, le commissaire **ordonna** une expertise.
Les Révolutionnaires **proclamèrent** la République en 1792.
Mal équilibré, le chargement **s'écroula** au premier cahot.

4 ▸ Les ballons **rebondirent** sur le cercle et **pénétrèrent** dans le panier.
Je **démolis** le château de cartes que j'avais si patiemment construit.
Les mineurs de fond et les fondeurs **jouirent** d'une retraite bien méritée !
L'eau **assouplit** les brins d'osier.
Tu **trahis** ton inquiétude en te rongeant les ongles.
À cause de la chaleur du four, les couronnes de pain **durcirent** trop vite.

50 À la fin d'un verbe : i ou it ; u ou ut ?

1 ▸ *Vous remarquerez que la forme en « i » se retrouve au participe passé pour verbe « sortir », mais pas pour le verbe « attendre ».*

il sort ; il sortit ; il est sorti. / Éva vit ; Éva vécut ; Éva a vécu.
j'obéis ; j'obéis ; j'ai obéi. / on attend ; on attendit ; on a attendu.

Réponses

2 ▶ un fromage **battu** ; de la crème **battue** ; des œufs **battus**.
un moment **vécu** ; une expérience **vécue** ; des histoires **vécues**.
un enfant **endormi** ; une fillette **endormie** ; des chatons **endormis**.
un problème **résolu** ; une énigme **résolue** ; des charades **résolues**.

3 ▶ *Les verbes conjugués, et leurs terminaisons, apparaissent nettement. Vous noterez la permanence des participes passés (« fondu » – « mûris » – « moulu »).*
Fondu, le caramel **frémit** dans la casserole.
Tu **choisis** des fruits mûris au soleil d'Espagne.
L'agriculteur **détruit** les surplus de choux-fleurs.
Tu me **dis** que le café moulu **perd** de son arôme.
Olivier **reproduit** de mémoire les moindres détails de ce paysage.

4 ▶ *Le passage par l'imparfait de l'indicatif permet d'éviter les erreurs.*
Ses amarres **rompues**, le navire dérive le long des côtes.
Le fabricant **garantit** cet appareil ménager pendant trois ans.
Très **unies**, ces deux amies ne se quittent jamais.
Avec sa robe neuve, Adeline **séduit** toute l'assistance.
Envahie par les eaux, cette prairie ressemble à un immense lac.

5 ▶ En entendant des voix amicales, le spéléologue **reprend** espoir.
Pour répondre à cette question, une minute **suffit** au candidat.
Secouru en un temps record, le blessé ne **perd** que peu de sang.
Pendant l'entretien d'embauche, Yannick **plaît** au jury par son naturel.

Tableaux de conjugaison

ÊTRE

INDICATIF

Présent
je suis
tu es
elle est
nous sommes
vous êtes
ils sont

Imparfait
j' étais
tu étais
elle était
nous étions
vous étiez
ils étaient

Passé composé
j' ai été

Plus-que-parfait
j' avais été

Passé simple
je fus
tu fus
elle fut
nous fûmes
vous fûtes
ils furent

Futur simple
je serai
tu seras
elle sera
nous serons
vous serez
ils seront

Passé antérieur
j' eus été

Futur antérieur
j' aurai été

SUBJONCTIF

Présent
que je sois
que tu sois
qu' elle soit
que nous soyons
que vous soyez
qu' ils soient

CONDITIONNEL

Présent
je serais
tu serais
elle serait
nous serions
vous seriez
ils seraient

IMPÉRATIF

Présent
sois   soyons   soyez

INFINITIF

Présent
être

Passé
avoir été

PARTICIPE

Présent
étant

Passé
été

AVOIR

INDICATIF

Présent
j' ai
tu as
elle a
nous avons
vous avez
ils ont

Imparfait
j' avais
tu avais
elle avait
nous avions
vous aviez
ils avaient

Passé composé
j' ai eu

Plus-que-parfait
j' avais eu

Passé simple
j' eus
tu eus
elle eut
nous eûmes
vous eûtes
ils eurent

Futur simple
j' aurai
tu auras
elle aura
nous aurons
vous aurez
ils auront

Passé antérieur
j' eus eu

Futur antérieur
j' aurai eu

SUBJONCTIF

Présent
que j' aie
que tu aies
qu' elle ait
que nous ayons
que vous ayez
qu' ils aient

CONDITIONNEL

Présent
j' aurais
tu aurais
elle aurait
nous aurions
vous auriez
ils auraient

IMPÉRATIF

Présent
aie   ayons   ayez

INFINITIF

Présent
avoir

Passé
avoir eu

PARTICIPE

Présent
ayant

Passé
eu(e)

Tableaux de conjugaison

1ᵉʳ groupe — MARCHER

INDICATIF

Présent
- je marche
- tu marches
- elle marche
- nous marchons
- vous marchez
- ils marchent

Imparfait
- je marchais
- tu marchais
- elle marchait
- nous marchions
- vous marchiez
- ils marchaient

Passé composé
- j'ai marché

Plus-que-parfait
- j'avais marché

Passé simple
- je marchai
- tu marchas
- elle marcha
- nous marchâmes
- vous marchâtes
- ils marchèrent

Futur simple
- je marcherai
- tu marcheras
- elle marchera
- nous marcherons
- vous marcherez
- ils marcheront

Passé antérieur
- j'eus marché

Futur antérieur
- j'aurai marché

SUBJONCTIF

Présent
- que je marche
- que tu marches
- qu' elle marche
- que nous marchions
- que vous marchiez
- qu' ils marchent

CONDITIONNEL

Présent
- je marcherais
- tu marcherais
- elle marcherait
- nous marcherions
- vous marcheriez
- ils marcheraient

IMPÉRATIF

Présent
- marche   marchons   marchez

INFINITIF

Présent : marcher
Passé : avoir marché

PARTICIPE

Présent : marchant
Passé : marché

1ᵉʳ groupe — ESSUYER

INDICATIF

Présent
- j' essuie
- tu essuies
- elle essuie
- nous essuyons
- vous essuyez
- ils essuient

Imparfait
- j' essuyais
- tu essuyais
- elle essuyait
- nous essuyions
- vous essuyiez
- ils essuyaient

Passé composé
- j'ai essuyé

Plus-que-parfait
- j'avais essuyé

Passé simple
- j' essuyai
- tu essuyas
- elle essuya
- nous essuyâmes
- vous essuyâtes
- ils essuyèrent

Futur simple
- j' essuierai
- tu essuieras
- elle essuiera
- nous essuierons
- vous essuierez
- ils essuieront

Passé antérieur
- j'eus essuyé

Futur antérieur
- j'aurai essuyé

SUBJONCTIF

Présent
- que j' essuie
- que tu essuies
- qu' elle essuie
- que nous essuyions
- que vous essuyiez
- qu' ils essuient

CONDITIONNEL

Présent
- j' essuierais
- tu essuierais
- elle essuierait
- nous essuierions
- vous essuieriez
- ils essuieraient

IMPÉRATIF

Présent
- essuie   essuyons   essuyez

INFINITIF

Présent : essuyer
Passé : avoir essuyé

PARTICIPE

Présent : essuyant
Passé : essuyé(e)

1er groupe — **JETER**

INDICATIF

Présent
- je jett e
- tu jett es
- elle jett e
- nous jet ons
- vous jet ez
- ils jett ent

Imparfait
- je jet ais
- tu jet ais
- elle jet ait
- nous jet ions
- vous jet iez
- ils jet aient

Passé composé
- j' ai jeté

Plus-que-parfait
- j' avais jeté

Passé simple
- je jet ai
- tu jet as
- elle jet a
- nous jet âmes
- vous jet âtes
- ils jet èrent

Futur simple
- je jetter ai
- tu jetter as
- elle jetter a
- nous jetter ons
- vous jetter ez
- ils jetter ont

Passé antérieur
- j' eus jeté

Futur antérieur
- j' aurai jeté

SUBJONCTIF

Présent
- que je jett e
- que tu jett es
- qu' elle jett e
- que nous jet ions
- que vous jet iez
- qu' ils jett ent

CONDITIONNEL

Présent
- je jetter ais
- tu jetter ais
- elle jetter ait
- nous jetter ions
- vous jetter iez
- ils jetter aient

IMPÉRATIF

Présent
- jette   jetons   jetez

INFINITIF

Présent
- jeter

Passé
- avoir jeté

PARTICIPE

Présent
- jetant

Passé
- jeté(e)

1er groupe — **APPELER**

INDICATIF

Présent
- j' appell e
- tu appell es
- elle appell e
- nous appel ons
- vous appel ez
- ils appell ent

Imparfait
- j' appel ais
- tu appel ais
- elle appel ait
- nous appel ions
- vous appel iez
- ils appel aient

Passé composé
- j' ai appelé

Plus-que-parfait
- j' avais appelé

Passé simple
- j' appel ai
- tu appel as
- elle appel a
- nous appel âmes
- vous appel âtes
- ils appel èrent

Futur simple
- j' appeller ai
- tu appeller as
- elle appeller a
- nous appeller ons
- vous appeller ez
- ils appeller ont

Passé antérieur
- j' eus appelé

Futur antérieur
- j' aurai appelé

SUBJONCTIF

Présent
- que j' appell e
- que tu appell es
- qu' elle appell e
- que nous appel ions
- que vous appel iez
- qu' ils appell ent

CONDITIONNEL

Présent
- j' appeller ais
- tu appeller ais
- elle appeller ait
- nous appeller ions
- vous appeller iez
- ils appeller aient

IMPÉRATIF

Présent
- appelle   appelons   appelez

INFINITIF

Présent
- appeler

Passé
- avoir appelé

PARTICIPE

Présent
- appelant

Passé
- appelé(e)

Tableaux de conjugaison

1er groupe — ESPÉRER

INDICATIF

Présent
j'   espèr   e
tu   espèr   es
elle   espèr   e
nous espér ons
vous espér ez
ils   espèr   ent

Imparfait
j'   espér   ais
tu   espér   ais
elle   espér   ait
nous espér   ions
vous espér   iez
ils   espér   aient

Passé composé
j' ai espéré

Plus-que-parfait
j' avais espéré

Passé simple
j'   espér   ai
tu   espér   as
elle   espér   a
nous espér   âmes
vous espér   âtes
ils   espér   èrent

Futur simple
j'   espèrer   ai
tu   espèrer   as
elle   espèrer   a
nous espèrer   ons
vous espèrer   ez
ils   espèrer   ont

Passé antérieur
j' eus espéré

Futur antérieur
j' aurai espéré

SUBJONCTIF

Présent
que j'   espèr e
que tu   espèr es
qu' elle   espèr e
que nous espér ions
que vous espér iez
qu' ils   espèr ent

CONDITIONNEL

Présent
j'   espèrer   ais
tu   espèrer   ais
elle   espèrer   ait
nous espèrer   ions
vous espèrer   iez
ils   espèrer   aient

IMPÉRATIF

Présent
espère   espérons   espérez

INFINITIF

Présent
espérer

Passé
avoir espéré

PARTICIPE

Présent
espérant

Passé
espéré(e)

1er groupe — LEVER

INDICATIF

Présent
je   lèv   e
tu   lèv   es
elle lèv   e
nous lev   ons
vous lev   ez
ils   lèv   ent

Imparfait
je   lev   ais
tu   lev   ais
elle lev   ait
nous lev   ions
vous lev   iez
ils   lev   aient

Passé composé
j' ai levé

Plus-que-parfait
j' avais levé

Passé simple
je   lev   ai
tu   lev   as
elle lev   a
nous lev   âmes
vous lev   âtes
ils   lev   èrent

Futur simple
je   lèver   ai
tu   lèver   as
elle lèver   a
nous lèver   ons
vous lèver   ez
ils   lèver   ont

Passé antérieur
j' eus levé

Futur antérieur
j' aurai levé

SUBJONCTIF

Présent
que je   lèv e
que tu   lèv es
qu' elle lèv e
que nous lev ions
que vous lev iez
qu' ils   lèv ent

CONDITIONNEL

Présent
je   lèver   ais
tu   lèver   ais
elle lèver   ait
nous lèver   ions
vous lèver   iez
ils   lèver   aient

IMPÉRATIF

Présent
lève   levons   levez

INFINITIF

Présent
lever

Passé
avoir levé

PARTICIPE

Présent
levant

Passé
levé(e)

2ᵉ groupe — FINIR

INDICATIF

Présent
je fini s
tu fini s
elle fini t
nous fini ssons
vous fini ssez
ils fini ssent

Imparfait
je finiss ais
tu finiss ais
elle finiss ait
nous finiss ions
vous finiss iez
ils finiss aient

Passé composé
j' ai fini

Plus-que-parfait
j' avais fini

Passé simple
je fini s
tu fini s
elle fini t
nous finî mes
vous finî tes
ils fini rent

Futur simple
je finir ai
tu finir as
elle finir a
nous finir ons
vous finir ez
ils finir ont

Passé antérieur
j' eus fini

Futur antérieur
j' aurai fini

SUBJONCTIF

Présent
que je finiss e
que tu finiss es
qu' elle finiss e
que nous finiss ions
que vous finiss iez
qu' ils finiss ent

CONDITIONNEL

Présent
je finir ais
tu finir ais
elle finir ait
nous finir ions
vous finir iez
ils finir aient

IMPÉRATIF

Présent
finis   finissons   finissez

INFINITIF

Présent
finir

Passé
avoir fini

PARTICIPE

Présent
finissant

Passé
fini(e)

3ᵉ groupe — METTRE

INDICATIF

Présent
je met s
tu met s
elle met
nous mett ons
vous mett ez
ils mett ent

Imparfait
je mett ais
tu mett ais
elle mett ait
nous mett ions
vous mett iez
ils mett aient

Passé composé
j' ai mis

Plus-que-parfait
j' avais mis

Passé simple
je m is
tu m is
elle m it
nous m îmes
vous m îtes
ils m irent

Futur simple
je mettr ai
tu mettr as
elle mettr a
nous mettr ons
vous mettr ez
ils mettr ont

Passé antérieur
j' eus mis

Futur antérieur
j' aurai mis

SUBJONCTIF

Présent
que je mett e
que tu mett es
qu' elle mett e
que nous mett ions
que vous mett iez
qu' ils mett ent

CONDITIONNEL

Présent
je mettr ais
tu mettr ais
elle mettr ait
nous mettr ions
vous mettr iez
ils mettr aient

IMPÉRATIF

Présent
mets   mettons   mettez

INFINITIF

Présent
mettre

Passé
avoir mis

PARTICIPE

Présent
mettant

Passé
mis(e)

Tableaux de conjugaison

3ᵉ groupe — DESCENDRE

INDICATIF

Présent
- je descend s
- tu descend s
- elle descend
- nous descend ons
- vous descend ez
- ils descend ent

Imparfait
- je descend ais
- tu descend ais
- elle descend ait
- nous descend ions
- vous descend iez
- ils descend aient

Passé composé
- j' ai descendu
- je suis descendu(e)

Plus-que-parfait
- j' avais descendu
- j' étais descendu(e)

Passé simple
- je descend is
- tu descend is
- elle descend it
- nous descend îmes
- vous descend îtes
- ils descend irent

Futur simple
- je descendr ai
- tu descendr as
- elle descendr a
- nous descendr ons
- vous descendr ez
- ils descendr ont

Passé antérieur
- j' eus descendu
- je fus descendu(e)

Futur antérieur
- j' aurai descendu
- je serai descendu(e)

SUBJONCTIF

Présent
- que je descend e
- que tu descend es
- qu' elle descend e
- que nous descend ions
- que vous descend iez
- qu' ils descend ent

CONDITIONNEL

Présent
- je descendr ais
- tu descendr ais
- elle descendr ait
- nous descendr ions
- vous descendr iez
- ils descendr aient

IMPÉRATIF

Présent
descends descendons descendez

INFINITIF

Présent : descendre
Passé : avoir descendu

PARTICIPE

Présent : descendant
Passé : descendu(e)

3ᵉ groupe — COURIR

INDICATIF

Présent
- je cour s
- tu cour s
- elle cour t
- nous cour ons
- vous cour ez
- ils cour ent

Imparfait
- je cour ais
- tu cour ais
- elle cour ait
- nous cour ions
- vous cour iez
- ils cour aient

Passé composé
- j' ai couru

Plus-que-parfait
- j' avais couru

Passé simple
- je cour us
- tu cour us
- elle cour ut
- nous cour ûmes
- vous cour ûtes
- ils cour urent

Futur simple
- je courr ai
- tu courr as
- elle courr a
- nous courr ons
- vous courr ez
- ils courr ont

Passé antérieur
- j' eus couru

Futur antérieur
- j' aurai couru

SUBJONCTIF

Présent
- que je cour e
- que tu cour es
- qu' elle cour e
- que nous cour ions
- que vous cour iez
- qu' ils cour ent

CONDITIONNEL

Présent
- je courr ais
- tu courr ais
- elle courr ait
- nous courr ions
- vous courr iez
- ils courr aient

IMPÉRATIF

Présent
cours courons courez

INFINITIF

Présent : courir
Passé : avoir couru

PARTICIPE

Présent : courant
Passé : couru(e)

3ᵉ groupe — SAVOIR

INDICATIF

Présent
je sais
tu sais
elle sait
nous savons
vous savez
ils savent

Imparfait
je savais
tu savais
elle savait
nous savions
vous saviez
ils savaient

Passé composé
j'ai su

Plus-que-parfait
j'avais su

Passé simple
je sus
tu sus
elle sut
nous sûmes
vous sûtes
ils surent

Futur simple
je saurai
tu sauras
elle saura
nous saurons
vous saurez
ils sauront

Passé antérieur
j'eus su

Futur antérieur
j'aurai su

SUBJONCTIF

Présent
que je sache
que tu saches
qu'elle sache
que nous sachions
que vous sachiez
qu'ils sachent

CONDITIONNEL

Présent
je saurais
tu saurais
elle saurait
nous saurions
vous sauriez
ils sauraient

IMPÉRATIF

Présent
sache   sachons   sachez

INFINITIF

Présent
savoir

Passé
avoir su

PARTICIPE

Présent
sachant

Passé
su(e)

3ᵉ groupe — VENIR

INDICATIF

Présent
je viens
tu viens
elle vient
nous venons
vous venez
ils viennent

Imparfait
je venais
tu venais
elle venait
nous venions
vous veniez
ils venaient

Passé composé
je suis venu(e)

Plus-que-parfait
j'étais venu(e)

Passé simple
je vins
tu vins
elle vint
nous vînmes
vous vîntes
ils vinrent

Futur simple
je viendrai
tu viendras
elle viendra
nous viendrons
vous viendrez
ils viendront

Passé antérieur
je fus venu(e)

Futur antérieur
je serai venu(e)

SUBJONCTIF

Présent
que je vienne
que tu viennes
qu'elle vienne
que nous venions
que vous veniez
qu'ils viennent

CONDITIONNEL

Présent
je viendrais
tu viendrais
elle viendrait
nous viendrions
vous viendriez
ils viendraient

IMPÉRATIF

Présent
viens   venons   venez

INFINITIF

Présent
venir

Passé
être venu

PARTICIPE

Présent
venant

Passé
venu(e)

Tableaux de conjugaison

3ᵉ groupe — ALLER

INDICATIF

Présent
- je vais
- tu vas
- elle va
- nous allons
- vous allez
- ils vont

Imparfait
- j' allais
- tu allais
- elle allait
- nous allions
- vous alliez
- ils allaient

Passé composé
- je suis allé(e)

Plus-que-parfait
- j' étais allé(e)

Passé simple
- j' allai
- tu allas
- elle alla
- nous allâmes
- vous allâtes
- ils allèrent

Futur simple
- j' irai
- tu iras
- elle ira
- nous irons
- vous irez
- ils iront

Passé antérieur
- je fus allé(e)

Futur antérieur
- je serai allé(e)

SUBJONCTIF

Présent
- que j' aille
- que tu ailles
- qu' elle aille
- que nous allions
- que vous alliez
- qu' ils aillent

CONDITIONNEL

Présent
- j' irais
- tu irais
- elle irait
- nous irions
- vous iriez
- ils iraient

IMPÉRATIF

Présent
- va   allons   allez

INFINITIF

Présent : aller
Passé : être allé

PARTICIPE

Présent : allant
Passé : allé(e)

3ᵉ groupe — FAIRE

INDICATIF

Présent
- je fais
- tu fais
- elle fait
- nous faisons
- vous faites
- ils font

Imparfait
- je faisais
- tu faisais
- elle faisait
- nous faisions
- vous faisiez
- ils faisaient

Passé composé
- j' ai fait

Plus-que-parfait
- j' avais fait

Passé simple
- je fis
- tu fis
- elle fit
- nous fîmes
- vous fîtes
- ils firent

Futur simple
- je ferai
- tu feras
- elle fera
- nous ferons
- vous ferez
- ils feront

Passé antérieur
- j' eus fait

Futur antérieur
- j' aurai fait

SUBJONCTIF

Présent
- que je fasse
- que tu fasses
- qu' elle fasse
- que nous fassions
- que vous fassiez
- qu' ils fassent

CONDITIONNEL

Présent
- je ferais
- tu ferais
- elle ferait
- nous ferions
- vous feriez
- ils feraient

IMPÉRATIF

Présent
- fais   faisons   faites

INFINITIF

Présent : faire
Passé : avoir fait

PARTICIPE

Présent : faisant
Passé : fait(e)

3ᵉ groupe — DIRE

INDICATIF

Présent
je dis
tu dis
elle dit
nous disons
vous dites
ils disent

Imparfait
je disais
tu disais
elle disait
nous disions
vous disiez
ils disaient

Passé composé
j'ai dit

Plus-que-parfait
j'avais dit

Passé simple
je dis
tu dis
elle dit
nous dîmes
vous dîtes
ils dirent

Futur simple
je dirai
tu diras
elle dira
nous dirons
vous direz
ils diront

Passé antérieur
j'eus dit

Futur antérieur
j'aurai dit

SUBJONCTIF

Présent
que je dise
que tu dises
qu'elle dise
que nous disions
que vous disiez
qu'ils disent

CONDITIONNEL

Présent
je dirais
tu dirais
elle dirait
nous dirions
vous diriez
ils diraient

IMPÉRATIF

Présent
dis   disons   dites

INFINITIF

Présent
dire

Passé
avoir dit

PARTICIPE

Présent
disant

Passé
dit(e)

3ᵉ groupe — LIRE

INDICATIF

Présent
je lis
tu lis
elle lit
nous lisons
vous lisez
ils lisent

Imparfait
je lisais
tu lisais
elle lisait
nous lisions
vous lisiez
ils lisaient

Passé composé
j'ai lu

Plus-que-parfait
j'avais lu

Passé simple
je lus
tu lus
elle lut
nous lûmes
vous lûtes
ils lurent

Futur simple
je lirai
tu liras
elle lira
nous lirons
vous lirez
ils liront

Passé antérieur
j'eus lu

Futur antérieur
j'aurai lu

SUBJONCTIF

Présent
que je lise
que tu lises
qu'elle lise
que nous lisions
que vous lisiez
qu'ils lisent

CONDITIONNEL

Présent
je lirais
tu lirais
elle lirait
nous lirions
vous liriez
ils liraient

IMPÉRATIF

Présent
lis   lisons   lisez

INFINITIF

Présent
lire

Passé
avoir lu

PARTICIPE

Présent
lisant

Passé
lu(e)

Tableaux de conjugaison

3ᵉ groupe — ASSEOIR

INDICATIF

Présent
- j' assied s
- tu assied s
- elle assied
- nous assey ons
- vous assey ez
- ils assey ent

Imparfait
- j' assey ais
- tu assey ais
- elle assey ait
- nous assey ions
- vous assey iez
- ils assey aient

Passé composé
- j' ai assis

Plus-que-parfait
- j' avais assis

Passé simple
- j' ass is
- tu ass is
- elle ass it
- nous ass îmes
- vous ass îtes
- ils ass irent

Futur simple
- j' assiér ai
- tu assiér as
- elle assiér a
- nous assiér ons
- vous assiér ez
- ils assiér ont

Passé antérieur
- j' eus assis

Futur antérieur
- j' aurai assis

SUBJONCTIF

Présent
- que j' assey e
- que tu assey es
- qu' elle assey e
- que nous assey ions
- que vous assey iez
- qu' ils assey ent

CONDITIONNEL

Présent
- j' assiér ais
- tu assiér ais
- elle assiér ait
- nous assiér ions
- vous assiér iez
- ils assiér aient

IMPÉRATIF

Présent
- assieds asseyons asseyez

INFINITIF

Présent : asseoir

Passé : être assis

PARTICIPE

Présent : asseyant

Passé : assis(e)

2ᵉ conjugaison possible d'ASSEOIR

INDICATIF

Présent
- j' ass ois
- tu ass ois
- elle ass oit
- nous ass oyons
- vous ass oyez
- ils ass oient

Imparfait
- j' assoy ais
- tu assoy ais
- elle assoy ait
- nous assoy ions
- vous assoy iez
- ils assoy aient

Passé composé
- j' ai assis

Plus-que-parfait
- j' avais assis

Passé simple
- j' ass is
- tu ass is
- elle ass it
- nous ass îmes
- vous ass îtes
- ils ass irent

Futur simple
- j' assoir ai
- tu assoir as
- elle assoir a
- nous assoir ons
- vous assoir ez
- ils assoir ont

Passé antérieur
- j' eus assis

Futur antérieur
- j' aurai assis

SUBJONCTIF

Présent
- que j' ass oie
- que tu ass oies
- qu' elle ass oie
- que nous ass oyions
- que vous ass oyiez
- qu' ils ass oient

CONDITIONNEL

Présent
- j' assoir ais
- tu assoir ais
- elle assoir ait
- nous assoir ions
- vous assoir iez
- ils assoir aient

IMPÉRATIF

Présent
- assois assoyons assoyez

INFINITIF

Présent : asseoir

Passé : être assis

PARTICIPE

Présent : assoyant

Passé : assis(e)

3ᵉ groupe

VOIR

INDICATIF

Présent
je voi s
tu voi s
elle voi t
nous voy ons
vous voy ez
ils voi ent

Imparfait
je voy ais
tu voy ais
elle voy ait
nous voy ions
vous voy iez
ils voy aient

Passé composé
j' ai vu

Plus-que-parfait
j' avais vu

Passé simple
je v is
tu v is
elle v it
nous v îmes
vous v îtes
ils v irent

Futur simple
je verr ai
tu verr as
elle verr a
nous verr ons
vous verr ez
ils verr ont

Passé antérieur
j' eus vu

Futur antérieur
j' aurai vu

SUBJONCTIF

Présent
que je voi e
que tu voi es
qu' elle voi e
que nous voy ions
que vous voy iez
qu' ils voi ent

CONDITIONNEL

Présent
je verr ais
tu verr ais
elle verr ait
nous verr ions
vous verr iez
ils verr aient

IMPÉRATIF

Présent
vois   voyons   voyez

INFINITIF

Présent
voir

Passé
avoir vu

PARTICIPE

Présent
voyant

Passé
vu(e)

3ᵉ groupe

POUVOIR

INDICATIF

Présent
je peu x
tu peu x
elle peu t
nous pouv ons
vous pouv ez
ils peuv ent

Imparfait
je pouv ais
tu pouv ais
elle pouv ait
nous pouv ions
vous pouv iez
ils pouv aient

Passé composé
j' ai pu

Plus-que-parfait
j' avais pu

Passé simple
je p us
tu p us
elle p ut
nous p ûmes
vous p ûtes
ils p urent

Futur simple
je pourr ai
tu pourr as
elle pourr a
nous pourr ons
vous pourr ez
ils pourr ont

Passé antérieur
j' eus pu

Futur antérieur
j' aurai pu

SUBJONCTIF

Présent
que je puiss e
que tu puiss es
qu' elle puiss e
que nous puiss ions
que vous puiss iez
qu' ils puiss ent

CONDITIONNEL

Présent
je pourr ais
tu pourr ais
elle pourr ait
nous pourr ions
vous pourr iez
ils pourr aient

IMPÉRATIF

pas d'impératif

INFINITIF

Présent
pouvoir

Passé
avoir pu

PARTICIPE

Présent
pouvant

Passé
pu(e)

Tableaux de conjugaison

3ᵉ groupe — PARTIR

INDICATIF

Présent
- je pars
- tu pars
- elle part
- nous partons
- vous partez
- ils partent

Passé simple
- je partis
- tu partis
- elle partit
- nous partîmes
- vous partîtes
- ils partirent

Imparfait
- je partais
- tu partais
- elle partait
- nous partions
- vous partiez
- ils partaient

Futur simple
- je partirai
- tu partiras
- elle partira
- nous partirons
- vous partirez
- ils partiront

Passé composé
- je suis parti(e)

Passé antérieur
- je fus parti(e)

Plus-que-parfait
- j'étais parti(e)

Futur antérieur
- je serai parti(e)

SUBJONCTIF

Présent
- que je parte
- que tu partes
- qu'elle parte
- que nous partions
- que vous partiez
- qu'ils partent

CONDITIONNEL

Présent
- je partirais
- tu partirais
- elle partirait
- nous partirions
- vous partiriez
- ils partiraient

IMPÉRATIF

Présent
- pars   partons   partez

INFINITIF

Présent : partir

Passé : être parti

PARTICIPE

Présent : partant

Passé : parti(e)

3ᵉ groupe — DEVOIR

INDICATIF

Présent
- je dois
- tu dois
- elle doit
- nous devons
- vous devez
- ils doivent

Passé simple
- je dus
- tu dus
- elle dut
- nous dûmes
- vous dûtes
- ils durent

Imparfait
- je devais
- tu devais
- elle devait
- nous devions
- vous deviez
- ils devaient

Futur simple
- je devrai
- tu devras
- elle devra
- nous devrons
- vous devrez
- ils devront

Passé composé
- j'ai dû

Passé antérieur
- j'eus dû

Plus-que-parfait
- j'avais dû

Futur antérieur
- j'aurai dû

SUBJONCTIF

Présent
- que je doive
- que tu doives
- qu'elle doive
- que nous devions
- que vous deviez
- qu'ils doivent

CONDITIONNEL

Présent
- je devrais
- tu devrais
- elle devrait
- nous devrions
- vous devriez
- ils devraient

IMPÉRATIF

Présent
- dois   devons   devez

INFINITIF

Présent : devoir

Passé : avoir dû

PARTICIPE

Présent : devant

Passé : dû, due

3ᵉ groupe — MOURIR

INDICATIF

Présent
je meurs
tu meurs
elle meurt
nous mourons
vous mourez
ils meurent

Imparfait
je mourais
tu mourais
elle mourait
nous mourions
vous mouriez
ils mouraient

Passé composé
je suis mort(e)

Plus-que-parfait
j' étais mort(e)

Passé simple
je mourus
tu mourus
elle mourut
nous mourûmes
vous mourûtes
ils moururent

Futur simple
je mourrai
tu mourras
elle mourra
nous mourrons
vous mourrez
ils mourront

Passé antérieur
je fus mort(e)

Futur antérieur
je serai mort(e)

SUBJONCTIF

Présent
que je meure
que tu meures
qu' elle meure
que nous mourions
que vous mouriez
qu' ils meurent

CONDITIONNEL

Présent
je mourrais
tu mourrais
elle mourrait
nous mourrions
vous mourriez
ils mourraient

IMPÉRATIF

Présent
meurs   mourons   mourez

INFINITIF

Présent
mourir

Passé
être mort

PARTICIPE

Présent
mourant

Passé
mort(e)

3ᵉ groupe — VOULOIR

INDICATIF

Présent
je veux
tu veux
elle veut
nous voulons
vous voulez
ils veulent

Imparfait
je voulais
tu voulais
elle voulait
nous voulions
vous vouliez
ils voulaient

Passé composé
j' ai voulu

Plus-que-parfait
j' avais voulu

Passé simple
je voulus
tu voulus
elle voulut
nous voulûmes
vous voulûtes
ils voulurent

Futur simple
je voudrai
tu voudras
elle voudra
nous voudrons
vous voudrez
ils voudront

Passé antérieur
j' eus voulu

Futur antérieur
j' aurai voulu

SUBJONCTIF

Présent
que je veuille
que tu veuilles
qu' elle veuille
que nous voulions
que vous vouliez
qu' ils veuillent

CONDITIONNEL

Présent
je voudrais
tu voudrais
elle voudrait
nous voudrions
vous voudriez
ils voudraient

IMPÉRATIF

Présent
veuille   veuillons   veuillez

INFINITIF

Présent
vouloir

Passé
avoir voulu

PARTICIPE

Présent
voulant

Passé
voulu(e)

Tableaux de conjugaison

BOIRE — 3ᵉ groupe

INDICATIF

Présent
- je bois
- tu bois
- elle boit
- nous buvons
- vous buvez
- ils boivent

Imparfait
- je buvais
- tu buvais
- elle buvait
- nous buvions
- vous buviez
- ils buvaient

Passé composé
- j'ai bu

Plus-que-parfait
- j'avais bu

Passé simple
- je bus
- tu bus
- elle but
- nous bûmes
- vous bûtes
- ils burent

Futur simple
- je boirai
- tu boiras
- elle boira
- nous boirons
- vous boirez
- ils boiront

Passé antérieur
- j'eus bu

Futur antérieur
- j'aurai bu

SUBJONCTIF

Présent
- que je boive
- que tu boives
- qu'elle boive
- que nous buvions
- que vous buviez
- qu'ils boivent

CONDITIONNEL

Présent
- je boirais
- tu boirais
- elle boirait
- nous boirions
- vous boiriez
- ils boiraient

IMPÉRATIF

Présent
- bois   buvons   buvez

INFINITIF

Présent : boire
Passé : avoir bu

PARTICIPE

Présent : buvant
Passé : bu(e)

VIVRE — 3ᵉ groupe

INDICATIF

Présent
- je vis
- tu vis
- elle vit
- nous vivons
- vous vivez
- ils vivent

Imparfait
- je vivais
- tu vivais
- elle vivait
- nous vivions
- vous viviez
- ils vivaient

Passé composé
- j'ai vécu

Plus-que-parfait
- j'avais vécu

Passé simple
- je vécus
- tu vécus
- elle vécut
- nous vécûmes
- vous vécûtes
- ils vécurent

Futur simple
- je vivrai
- tu vivras
- elle vivra
- nous vivrons
- vous vivrez
- ils vivront

Passé antérieur
- j'eus vécu

Futur antérieur
- j'aurai vécu

SUBJONCTIF

Présent
- que je vive
- que tu vives
- qu'elle vive
- que nous vivions
- que vous viviez
- qu'ils vivent

CONDITIONNEL

Présent
- je vivrais
- tu vivrais
- elle vivrait
- nous vivrions
- vous vivriez
- ils vivraient

IMPÉRATIF

Présent
- vis   vivons   vivez

INFINITIF

Présent : vivre
Passé : avoir vécu

PARTICIPE

Présent : vivant
Passé : vécu(e)

3ᵉ groupe — CROIRE

INDICATIF

Présent
je crois
tu crois
elle croit
nous croyons
vous croyez
ils croient

Imparfait
je croyais
tu croyais
elle croyait
nous croyions
vous croyiez
ils croyaient

Passé composé
j' ai cru

Plus-que-parfait
j' avais cru

Passé simple
je crus
tu crus
elle crut
nous crûmes
vous crûtes
ils crurent

Futur simple
je croirai
tu croiras
elle croira
nous croirons
vous croirez
ils croiront

Passé antérieur
j' eus cru

Futur antérieur
j' aurai cru

SUBJONCTIF

Présent
que je croie
que tu croies
qu' elle croie
que nous croyions
que vous croyiez
qu' ils croient

CONDITIONNEL

Présent
je croirais
tu croirais
elle croirait
nous croirions
vous croiriez
ils croiraient

IMPÉRATIF

Présent
crois croyons croyez

INFINITIF

Présent
croire

Passé
avoir cru

PARTICIPE

Présent
croyant

Passé
cru(e)

3ᵉ groupe — ÉCRIRE

INDICATIF

Présent
j' écris
tu écris
elle écrit
nous écrivons
vous écrivez
ils écrivent

Imparfait
j' écrivais
tu écrivais
elle écrivait
nous écrivions
vous écriviez
ils écrivaient

Passé composé
j' ai écrit

Plus-que-parfait
j' avais écrit

Passé simple
j' écrivis
tu écrivis
elle écrivit
nous écrivîmes
vous écrivîtes
ils écrivirent

Futur simple
j' écrirai
tu écriras
elle écrira
nous écrirons
vous écrirez
ils écriront

Passé antérieur
j' eus écrit

Futur antérieur
j' aurai écrit

SUBJONCTIF

Présent
que j' écrive
que tu écrives
qu' elle écrive
que nous écrivions
que vous écriviez
qu' ils écrivent

CONDITIONNEL

Présent
j' écrirais
tu écrirais
elle écrirait
nous écririons
vous écririez
ils écriraient

IMPÉRATIF

Présent
écris écrivons écrivez

INFINITIF

Présent
écrire

Passé
avoir écrit

PARTICIPE

Présent
écrivant

Passé
écrit(e)

Tableaux de conjugaison

3ᵉ groupe — CONNAÎTRE

INDICATIF

Présent
- je connais
- tu connais
- elle connaît
- nous connaissons
- vous connaissez
- ils connaissent

Imparfait
- je connaissais
- tu connaissais
- elle connaissait
- nous connaissions
- vous connaissiez
- ils connaissaient

Passé composé
- j'ai connu

Plus-que-parfait
- j'avais connu

Passé simple
- je connus
- tu connus
- elle connut
- nous connûmes
- vous connûtes
- ils connurent

Futur simple
- je connaîtrai
- tu connaîtras
- elle connaîtra
- nous connaîtrons
- vous connaîtrez
- ils connaîtront

Passé antérieur
- j'eus connu

Futur antérieur
- j'aurai connu

SUBJONCTIF

Présent
- que je connaisse
- que tu connaisses
- qu'elle connaisse
- que nous connaissions
- que vous connaissiez
- qu'ils connaissent

CONDITIONNEL

Présent
- je connaîtrais
- tu connaîtrais
- elle connaîtrait
- nous connaîtrions
- vous connaîtriez
- ils connaîtraient

IMPÉRATIF

Présent
- connais connaissons connaissez

INFINITIF

Présent : connaître

Passé : avoir connu

PARTICIPE

Présent : connaissant

Passé : connu(e)

3ᵉ groupe — PEINDRE

INDICATIF

Présent
- je peins
- tu peins
- elle peint
- nous peignons
- vous peignez
- ils peignent

Imparfait
- je peignais
- tu peignais
- elle peignait
- nous peignions
- vous peigniez
- ils peignaient

Passé composé
- j'ai peint

Plus-que-parfait
- j'avais peint

Passé simple
- je peignis
- tu peignis
- elle peignit
- nous peignîmes
- vous peignîtes
- ils peignirent

Futur simple
- je peindrai
- tu peindras
- elle peindra
- nous peindrons
- vous peindrez
- ils peindront

Passé antérieur
- j'eus peint

Futur antérieur
- j'aurai peint

SUBJONCTIF

Présent
- que je peigne
- que tu peignes
- qu'elle peigne
- que nous peignions
- que vous peigniez
- qu'ils peignent

CONDITIONNEL

Présent
- je peindrais
- tu peindrais
- elle peindrait
- nous peindrions
- vous peindriez
- ils peindraient

IMPÉRATIF

Présent
- peins peignons peignez

INFINITIF

Présent : peindre

Passé : avoir peint

PARTICIPE

Présent : peignant

Passé : peint(e)

Quelques règles d'usage

LES ACCENTS

Les accents servent généralement à modifier la prononciation des voyelles.
On distingue :
– l'accent aigu (seulement sur le *e*) : *l'électricité – la télévision*
– l'accent grave : *le problème – le progrès – à – où*
– l'accent circonflexe : *la bête – le câble – la flûte – paraître – le rôle*

La voyelle placée devant une double consonne n'a jamais d'accent.
la balle – une goutte – la navette – offrir – la pierre

LA CÉDILLE

Lorsqu'on veut conserver le son (s), il faut mettre une cédille sous le *c* devant *a*, *o* et *u*.
la façade – le glaçon – le reçu

GE – GI – GY / GUE – GUI – GUY

Devant le *e*, le *i* et le *y*, la lettre *g* se prononce (je).
la gifle – la gymnastique – le virage
Si l'on veut conserver le son (gue), devant *e*, *i*, *y*, il faut ajouter un *u*.
la fatigue – le guide – Guy

LE SON (k)

Le son (k) s'écrit de plusieurs manières.
c : un cadeau – le coude – une culotte
qu : un bouquet – la musique – une raquette
k : un kangourou – le karaté – un kilo
ck : le hockey – le nickel – le ticket
cc : une accusation – occuper – un raccourci
ch : une chronique – le chronomètre
Il est donc prudent de vérifier dans un dictionnaire.

LE SON (f)

Le son (f) s'écrit de plusieurs manières.
f : un défaut – un four – profond
ff : une affaire – chauffer – souffrir
ph : l'alphabet – la chlorophylle – le triomphe
Il est donc prudent de vérifier dans un dictionnaire.

Quelques règles d'usage

LES SONS (s) OU (z)

Entre deux voyelles, la lettre **s** se prononce (z).
le voisin – la chaise – le casier
Lorsque, entre deux voyelles, on entend le son (s), on écrit :
ss : *le dossier – le poisson – la tasse*
c ou ç : *la glace – le glaçon*
t : *balbutier – la minutie – la nation*
sc : *la piscine – la susceptibilité*

LA LETTRE FINALE D'UN MOT

On peut souvent trouver la lettre finale d'un mot en recherchant un mot de la même famille ou en écrivant ce mot au féminin.
le regard → regarder – le sport → un sportif (mots de la même famille)
blanc → blanche – épais → épaisse (mots au féminin)
Attention à quelques exceptions.
le bijoutier → le bijou – numéroter → le numéro

LA LETTRE *M* DEVANT *M, B, P*

Devant **m, b, p**, on remplace la lettre **n** par un **m**.
le jambon – emmener – impossible
Exceptions : *un bonbon – une bonbonne – un bonhomme – néanmoins*

LES MOTS COMMENÇANT PAR *AB-*

Les mots commençant par le son (ab) ne prennent qu'un seul **b**.
l'abeille – abondant – abriter
Exception : *l'abbé* (et les mots de la même famille)

LES MOTS COMMENÇANT PAR *AD-*

Les mots commençant par le son (ad) ne prennent qu'un seul **d**.
l'adoption – adorer – adoucir
Exception : *une addition*

LES MOTS COMMENÇANT PAR *ACC-*

Les mots commençant par le son (ak) prennent le plus souvent deux **c**.
l'accident – accompagner – accorder – accuser
Exceptions : *l'acacia – l'académie – l'acajou – l'acrobate – l'acompte…*
En cas de doute, il est prudent de vérifier dans un dictionnaire.

LES MOTS COMMENÇANT PAR *AFF-*, *EFF-*, *OFF-*

Les mots commençant par les sons (af), (ef), (of) prennent deux **f**.
l'*aff*aire – *aff*ranchir – *eff*acer – un *eff*ort – *off*enser – l'*off*icier
Exceptions : *af*in – l'*Af*rique – *af*ricain

LES MOTS COMMENÇANT PAR *AG-*

Les mots commençant par le son (ag) ne prennent qu'un seul **g**.
une *ag*rafe – *ag*randir – *ag*réable – *ag*ressif – un *ag*riculteur
Exceptions : *agg*lomérer – *agg*lutiner – *agg*raver (et les mots de la même famille)
En cas de doute, il est prudent de vérifier dans un dictionnaire.

LES MOTS COMMENÇANT PAR *ATT-*

Les mots commençant par le son (at) prennent le plus souvent deux **t**.
*att*acher – un *att*elage – *att*ention – l'*att*itude – une *att*raction
Exceptions : l'*at*elier – l'*at*ome – l'*at*out – l'*ât*re – *at*roce...
En cas de doute, il est prudent de vérifier dans un dictionnaire.

LES VERBES COMMENÇANT PAR *APP-*

Les verbes commençant par le son (ap) prennent le plus souvent deux **p**.
*app*araître – *app*rouver – *app*uyer
Exceptions : *ap*aiser – *ap*ercevoir – *ap*itoyer – *ap*latir...
En cas de doute, il est prudent de vérifier dans un dictionnaire.

LES NOMS TERMINÉS PAR LE SON (o)

Beaucoup de noms terminés par le son (o) se finissent en ***-eau***.
le bat*eau* – le chap*eau* – le pinc*eau*
Mais il est prudent de vérifier dans un dictionnaire, car il existe de nombreuses autres terminaisons.
l'accr*oc* – un artich*aut* – le chari*ot* – le crap*aud* – un escr*oc* – un (la) f*aux* – le fl*ot* – le gal*op* – un joy*au* – le métr*o* – le noy*au* – le pian*o* – un prop*os* – un réch*aud* – le rep*os* – le sir*op* – un surs*aut* – le t*aux*

LES NOMS TERMINÉS PAR LE SON (i)

Les **noms féminins** terminés par le son (i) se finissent en ***-ie***.
l'énerg*ie* – la malad*ie* – la v*ie*
Exceptions : la breb*is* – la fourm*i* – la nu*it* – la perdr*ix* – la sour*is*
Pour trouver la terminaison des **noms masculins**, on peut essayer de chercher un mot de la même famille.
un fru*it* → fru*ité* – un l*it* → la l*iterie* – un tap*is* → tap*isser*

Quelques règles d'usage

LES NOMS TERMINÉS PAR LE SON (u)

Les **noms féminins** terminés par le son (u) se finissent en **-ue**.
la rue – la tenue – la tortue – la vue
Exceptions : *la bru – la glu – la tribu – la vertu*
Pour trouver la terminaison des **noms masculins**, on peut essayer de chercher un mot de la même famille.
le début → débuter – le refus → refuser

LES NOMS TERMINÉS PAR LE SON (ou)

Les **noms féminins** terminés par le son (ou) se finissent en **-oue**.
la boue – la joue – la roue
Exception : *la toux*
Beaucoup de **noms masculins** s'écrivent **-ou**.
le bambou – le caillou – le clou – le cou
Mais il est prudent de vérifier dans un dictionnaire, car il existe bien d'autres terminaisons.
le bout – le caoutchouc – le houx – le remous

LES NOMS TERMINÉS PAR LE SON (eur)

Les noms masculins et féminins terminés par le son (eur) se finissent en **-eur**.
la chaleur – le chasseur – le docteur – la valeur
Exceptions :
le beurre – la demeure – l'heure – un heurt – le cœur – la sœur

LES NOMS FÉMININS TERMINÉS PAR -É OU PAR -ÉE

Les noms féminins qui ne se terminent pas par **-té** ou **-tié** se finissent en **-ée**.
l'année – la fusée – une idée
Exception : *la clé*
Les noms féminins qui se terminent par **-té** ou **-tié** ne prennent pas de **-e**.
l'amitié – la liberté – la moitié – la santé
Exceptions : *l'assiettée – la dictée – la jetée – la montée – la pâtée – la pelletée – la portée – la butée*

LES NOMS MASCULINS TERMINÉS PAR -É, -ER OU -IER

Les noms masculins terminés par le son (é) se finissent souvent en **-er**.
le danger – le quartier – le routier
Mais il y a de nombreuses exceptions ; aussi est-il prudent de vérifier dans un dictionnaire.
le blessé – le café – le fossé – le lycée – le musée – le nez – le pied...

Index

A

a et *à*	40
– *a* + participe passé	40
– *à* + infinitif	40, 80
accent aigu	50, 169
accent circonflexe	50, 169
accent grave	50, 169
accord du verbe et du sujet	34
adjectif verbal	84
adjectifs	16, 20
– accord	16, 80
– adjectifs en *-al*	16
– féminin	16
– participe passé	16
– pluriel	16
– terminaison	16
adverbes terminés par *-ment*	48
aller	24, 80, 160
apostrophe	8
appeler	155
article	10, 12
asseoir	162
auxiliaires (*avoir, être*)	22
– temps composés	24, 30, 36, 80, 82
avoir	22, 30, 40, 44, 153
– + participe passé	82, 153
– passé composé	24, 36, 153
– passé simple	104, 153
– présent de l'indicatif	30, 153
– présent du subjonctif	102, 153
avoir été	38

B

boire	166

C

ça (*ceci, cela*) et *sa*	88
çà et là	88
ce, cet, cette	72
ce et se ; c' et s'	70

cédille	169
cent (accord)	18
ces et *ses* ; *c'est* et *s'est*	72
complément d'objet direct	82
conditionnel ou futur simple ?	100
conjugaison	28
– les modes	28
– tableaux	153
connaître	168
consonnes doubles	52, 64, 66
courir	158
croire	167

D

descendre	158
déterminants	12, 20, 70
– articles	12
– déterminants démonstratifs	72
– déterminants possessifs	12, 46, 72, 88
devoir	164
dire	161

E

écrire	167
en devant un participe passé	82
en + participe présent	84
espérer	156
essuyer	154
est et *et*	42
être	22, 30, 42, 153
– + participe passé	38, 80, 153
– passé composé	24, 36, 80, 153
– passé simple	104, 153
– présent de l'indicatif	30, 46, 153
– présent du subjonctif	102, 153
expressions avec *peu(t)*	90
expressions avec *quelque(s)*	86
expressions avec *s'y*	94
exprimer le passé	28

Index

F

faire	160
finir	157
futur simple	96, 100
– formes particulières	96
– terminaisons	96

G

g	58
ge-gi-gy / *gue-gui-guy*	58, 169
genre (masculin ou féminin)	10, 12
gne	58
groupe du nom	20
– accord	20, 34
– nom principal	20, 34
– suppression de mots	20
groupe sujet (nom principal du)	34
groupes des verbes	24
– 1er groupe	24, 80
– 2e groupe	24
– 3e groupe	24

H

homonymes	68, 76
h muet	12, 78

I

imparfait de l'indicatif	98
infinitif	22, 80
infinitif en *-er*	40

J

jeter	155

L

là	88
lettre finale d'un mot	170
lettre finale muette	60
leur et *leur(s)*	74
lever	156
liaisons	8, 46, 60, 78
lire	161

M

m devant *b*, *m* ou *p*	62, 170
majuscules	8
marcher	154
mettre	157
million, *milliard*	18
mon, *ton*, *son*	12
mots (savoir isoler les)	8
mots commençant par *ab-*	170
mots commençant par *ad-*	170
mots commençant par *acc-*	170
mots commençant par *aff-*, *-eff-*, *off-*	66, 170
mots commençant par *ag-*	171
mots commençant par *app-*	171
mots commençant par *att-*	171
mots de la même famille	68
mots invariables	48, 78
mots terminés par *-ant*	84
mourir	165

N

n'y et *ni*	92
négation	92
nom	10
– reconnaître le nom	10
– nom commun	10
– nom propre	10
– nom principal du groupe sujet	34
nombre (singulier ou pluriel)	10, 12
nombres (écriture des)	18
noms d'origine étrangère	52, 62
noms féminins	10, 12
– commençant par une voyelle	12
– commençant par un h muet	12
– terminés par le son (é)	54, 17
noms masculins	10, 1
noms terminés par le son (é)	54, 17
noms terminés par le son (eur)	17
noms terminés par le son (i)	17
noms terminés par le son (o)	17

noms terminés par le son (ou)	14, 172	– verbes du 1er groupe	30
noms terminés par le son (u)	172	– verbes du 2e groupe	32
noms terminés par -ment	48	– verbes du 3e groupe	32
noms terminés par -s, -x ou -z	14	présent du conditionnel	100
nous	26, 44	présent du subjonctif	102
		pronoms démonstratifs	70
		pronoms personnels	26, 34, 38, 44, 70

O

on	26, 44
ont et on	44
ou et où	76

Q

quel, qu'il, qu'elle…	86
quelque, quel que soit…	86

P

participe passé	36, 80
– employé avec *avoir*	82
– employé avec *être*	38
– employé comme adjectif	16
– en -é	40
– en -i, -is, -it	106
– en -u	106
participe présent	84
partir	164
passé composé	36
passé simple	104, 106
– formes particulières	104
– terminaisons	104
peindre	168
personnes du singulier et du pluriel	26
peu et peut	90
phrase (formation de la)	8
pluriel des noms	12, 14
– noms terminés par -ail	14
– noms terminés par -al	14
– noms terminés par -ou	14
– noms terminés par -s, -x ou -z	14
point (ponctuation)	8
pouvoir	90, 163
présent de l'indicatif	30, 106
– radical	30, 32
– terminaisons	30, 32

R

radical du verbe	30

S

sa (son) et ça	88
savoir	159
séparer les mots	8
ses et s'est ; ces et c'est	72
singulier ou pluriel	12
son	46
son (f) : f, ph ou ff	66, 169
son (gue) : g, gg et gu	58
son (j)	58
son (k) : c, cc, qu, k, ch ou ck	64, 169
son (kwa) : qua	64
son (s) : s, ss, sc, c, ç ou t	56, 169
son (z)	56, 169
sont et son	46
sujet du verbe	34
s'y et si	94

T

terminaison des verbes	30
tout à fait	78
tout et tous, toute et toutes	78

Index

V

venir	159
verbes (groupes des)	24
– 1er groupe	24, 80
– 2e groupe	24
– 3e groupe	24
verbes employés comme adjectifs	80
verbes en *-dre*	32
verbes en *-indre* et en *-soudre*	32
verbes pronominaux	24, 70, 72
verbe (reconnaître le)	22
– verbes conjugués	22
– verbes à l'infinitif	22, 80
verbe (reconnaître le temps d'un)	28
– passé, présent, futur	28
– modes	28
– conditionnel	28
– indicatif	28
– impératif	28
– subjonctif	28
verbes terminés par *-cer* à l'infinitif	30, 98
verbes terminés par *-é* ou *-er* ?	80
verbes terminés par *-ger* à l'infinitif	30, 98
verbes terminés par *-i*, *-is* ou *-it* ?	106
verbes terminés par *-u*, *-us* ou *-ut* ?	106
vingt (accord)	18
vivre	166
voir	163
vouloir	165

Achevé d'Imprimé en Italie par DEAPRINTING - Novara
Dépôt légal: 72269 - 06/06
Edition: 04
16/9146/8